www.ingramcontent.com/pod-product-compliance
Lightning Source LLC
LaVergne TN
LVHW051021051026
849532LV00004BA/1305
* 9 7 8 9 3 5 8 7 2 9 7 6 4 *

اصلاحِ معاشرہ:

اسلام کی رہنمائی

(مضامین)

مفتی تنظیم عالم قاسمی

Islaah-e-Moashira : Islam ki Rahnumai (Essays)
by: Mufti Tanzim Aalim Qasmi
Edition: April '2024
Publisher :
Taemeer Publications LLC (Michigan, USA / Hyderabad, India)

ISBN 978-93-5872-976-4

کتاب	:	**اصلاحِ معاشرہ: اسلام کی رہنمائی**
مصنف	:	**مفتی تنظیم عالم قاسمی**
پروف ریڈنگ / تدوین	:	اعجاز عبید
صنف	:	غیر افسانوی نثر
ناشر	:	تعمیر پبلی کیشنز (حیدرآباد، انڈیا)
سالِ اشاعت	:	۲۰۲۴ء
صفحات	:	۱۴۴
سرورق ڈیزائن	:	تعمیر ویب ڈیزائن

فہرست

رسول اکرمؐ کا صبر و تحمل اور قوتِ برداشت

رسول اکرم صلی اللہ علیہ وسلم نے جب نبوت کا اعلان کیا تو مکہ کا سارا ماحول آپؐ کے لیے اجنبی بن گیا، وہی لوگ جن کے بیچ آپؐ کا بچپن اور جوانی گزری، جو آپؐ کی امانت وصداقت کے بڑے مداح اور عاشق تھے، آپؐ کے مخالف اور جانی دشمن ہوگئے، آپؐ کے رشتہ دار اور اہل خاندان جن سے آپؐ کو بڑی امیدیں وابستہ تھیں ان کا بھی آپؐ کو کوئی سہارا نہیں ملا، وہ بھی انجانے اور نا آشنا ثابت ہوئے، تن تنہا توحید کا پیغام لیے گھر سے باہر نکلے، مگر کچھ ہی عرصہ گزرا تھا کہ حالات کا رخ بدل گیا، ناموافق ہوائیں اب موافقت میں چلنے لگیں، دشمنوں کے دل پسیج گئے اور پھر وہ رسول اکرم صلی اللہ علیہ وسلم کے ایسے دیوانے بنے کہ تاریخ انسانیت میں اس کی کوئی مثال نہیں ملتی۔

عرب کی اجڈ اور گنوار قوموں کے دل و دماغ میں اسلام اور آپؐ کی بے پناہ محبت اتنی جلدی کیسے رچ بس گئی اور کس طرح ان جانی دشمنوں نے دل و جان سے آپؐ کی امارت و اطاعت کو قبول کرلیا، یقیناً اس پر انسانی عقلیں دنگ رہ جاتی ہیں اور حیرت کی انتہا نہیں رہتی۔ سیرت کے مطالعہ سے معلوم ہوتا ہے کہ عرب کے اس تاریخی انقلاب میں جہاں رسول اکرم صلی اللہ علیہ وسلم کی شیریں زبان، اعلیٰ اخلاق، بہتر لب ولہجہ اور پیہم جدوجہد کا حصہ ہے وہیں آپؐ کا صبر و تحمل، بردباری اور قوتِ برداشت نے بھی بڑا اہم رول ادا کیا ہے۔ بلاشبہ صبر و تحمل کا وصف سراپا نیک، صالح، انتہائی مفید و معنی خیز ہے،

اس سے سعادت و بھلائی، سکون و اطمینان اور کیف و نشاط کے مواقع ہاتھ تو آتے ہی ہیں، ساتھ ہی صبر و استقامت کی راہ پر چل کر لوگوں کی قیادت و امامت کا درجہ بھی حاصل کیا جا سکتا ہے، خدا نے اپنا یہ دستور اور قانون بہت پہلے ہی ان الفاظ میں سنایا ہے: وَجَعَلْنَا مِنْهُمْ أَئِمَّةً يَهْدُونَ بِأَمْرِنَا لَمَّا صَبَرُوا (السجدہ: ۲۴) "ہم نے ان میں سے بعض کو قائد اور امام بنایا جو ہماری باتوں سے لوگوں کو واقف کراتے تھے، یہ ان کے صبر کا بدلہ ہے۔" مؤمن کی زندگی کا وہ کون سا لمحہ ہے جس میں اس کو کسی نہ کسی طرح جسمانی اور روحانی اذیت و پریشانی کا سامنا نہ کرنا پڑتا ہو، تاریخ شاہد ہے کہ جس نے بھی ان تکلیف دہ مواقع میں صبر و تحمل سے کام لیا اس کے لیے بعد میں راستے ہموار ہو گئے، کامیابی کی منزل قریب ہو گئی اور پھر بعد میں دشمنوں کے دل بھی بدل گئے۔

شاید یہی وجہ ہے کہ رسول اکرم صلی اللہ علیہ وسلم نے مکی دَور کی تمام مصیبتوں کو مسکراتے ہوئے قبول کر لیا، اعلانِ توحید کے بعد بت پرستوں نے رسول اکرم صلی اللہ علیہ وسلم کی اذیت رسانی کے لیے جو نت نئے طریقے ایجاد کیے تھے اس کی طویل اور دردناک داستان سیرت کی تقریباً تمام کتابوں میں موجود ہے، وہ عام راستہ جس میں ہر کس و ناکس کو چلنے کا اختیار تھا جب سرکارِ دو عالم صلی اللہ علیہ وسلم چلتے تو پتھر کی بارش برسائی جاتی، کانٹے بچھائے جاتے، تنگ کیا جاتا، جسمِ اطہر پر نجاستیں ڈالی جاتیں، بلکہ حرمِ مکی جہاں عام چرند و پرند کو بھی سکون و اطمینان اور تحفظ کا یقین ہوتا ہے رسول اکرم صلی اللہ علیہ وسلم کو وہاں سکون سے نماز پڑھنے کا موقع تک نہیں دیا گیا، ابو جہل کے اشارے سے بدبختوں نے آپؐ کی پشتِ مبارک پر اونٹ کی ناپاک اوجھڑی رکھ دی، یہ مخالفت کے دیوانے انسانی حدوں کو پار کر گئے اور آپؐ کی شرافت کو چیلنج کیا۔ کبھی آپؐ کو بیہودہ گالیاں دیں، کبھی جادوگر اور کبھی پاگل اور کبھی شاعر کہا اور ہزار طرح سے گستاخیوں اور

بے ادبی کی وہ راہیں وضع کی گئیں جن سے غریب سے غریب اور کمزور سے کمزور تر انسان غصہ سے کانپ اٹھتا ہے، مگر نبیٔ اکرم صلی اللہ علیہ وسلم نے صبر و تحمل سے کام لیا اور کبھی آپؐ نے ان باتوں پر برہمی تک ظاہر نہیں فرمائی۔

طائف کا واقعہ کسے یاد نہیں ہے، بڑی تمنا اور آرزوؤں کے ساتھ اہل مکہ سے تنگ آ کر نبیٔ اکرم صلی اللہ علیہ وسلم نے طائف کا سفر کیا کہ شاید وہاں کے لوگ کچھ موافقت کریں، مگر وہ لوگ دو چار قدم اور آگے نکلے، صرف گالی اور تمسخر پر اکتفا نہیں کیا گیا بلکہ اوباشوں کے ذریعہ اتنے پتھر برسائے گئے کہ قدمِ مبارک خون سے بھیگ گئے، ضعف و کمزوری سے طبیعت بوجھل ہو گئی۔ آپؐ تھک کر جب بیٹھ جاتے تو زبردستی آپؐ کو اٹھایا جاتا اور پھر پتھروں کی بارش برسائی جاتی۔ اس عظیم حادثہ سے عرش پہ کہرام مچ گیا، عذاب کے فرشتے نازل کیے گئے، مگر نبی رحمت صلی اللہ علیہ وسلم کا جواب تھا: اگر ان لوگوں نے ایمان قبول نہیں کیا تو مجھے امید ہے کہ ان کی نسلیں ضرور اسلام سے وابستہ ہوں گی، اس صبر و برداشت کی کیا دنیا مثال پیش کر سکتی ہے؟

یہیں تک نہیں، دشمنوں سے انتقام کا سب سے بڑا موقع فتح مکہ کا تھا۔ دشمن اس دن مکمل آپؐ کے قابو میں تھے کہ اگر آپؐ چاہتے تو ایک ایک اذیت کا بدلہ لے سکتے تھے، مگر آپؐ نے یہ کہتے ہوئے سب کو معاف فرما دیا لَاتَثْرِیْبَ عَلَیْکُمُ الْیَوْمَ اذْھَبُوْا فَاَنْتُمُ الطُّلَقَاءُ "تم پر کوئی ملامت نہیں جاؤ تم سب آزاد ہو" (سیرۃ النبی ۲ / ۳۶۲)

وہ لوگ جو خون کے پیاسے تھے اور جن کے دستِ ستم سے آپؐ نے طرح طرح کی اذیتیں اٹھائی تھیں، وحشی جو آپؐ کے عزیز ترین چچا حضرت حمزہؓ کا قاتل تھا، ہندہ (ابوسفیان کی بیوی) جس نے حضرت حمزہ رضی اللہ عنہ کا سینہ چاک کیا اور دل و جگر کے ٹکڑے کیے، ان سے آپؐ نے کوئی باز پرس نہیں کی اور نہ ہی ان سے کوئی انتقام لیا، ہندہ

اس کرشمۂ اعجاز سے متاثر ہو کر بے اختیار بول اٹھی: یارسول اللہ! آپ کے خیمہ سے مبغوض تر خیمہ کوئی میری نگاہ میں نہ تھا، لیکن آج آپ کے خیمہ سے کوئی زیادہ محبوب خیمہ میری نگاہ میں دوسرا نہیں۔ (صحیح بخاری)

ان کے علاوہ رسول اکرم صلی اللہ علیہ وسلم کے صبر و تحمل اور قوتِ برداشت کے متفرق حیرت انگیز واقعات کتابوں میں موجود ہیں، جن میں بڑی عبرتیں پوشیدہ ہیں اور مصیبت زدگان کے لیے تسلی کا سامان بھی، اس لیے مناسب معلوم ہوتا ہے کہ چند واقعات اپنی نگاہ میں لے آئیں اور آنکھوں کی راہ سے دل میں اتارنے کی کوشش کریں۔

(۱) حضرت عبد اللہ بن مسعودؓ سے روایت ہے فرماتے ہیں کہ: جب فتح مکہ کے بعد جنگِ حنین کا واقعہ پیش آیا اور اللہ تعالیٰ نے وقتی شکست کے بعد شاندار فتح نصیب فرمادی اور بے شمار مالِ غنیمت فاتحین کے ہاتھ آیا تو رسول اللہ صلی اللہ علیہ وسلم نے مالِ غنیمت کی تقسیم میں شرعی مصلحت کے تحت بعض لوگوں کو جو فتح مکہ کے وقت ہی مسلمان ہوئے تھے اور ابھی مسلمان ہوئے ایک مہینہ بھی نہ گزرا تھا تالیفِ قلوب کے طور پر ترجیح دی، چنانچہ ایک نومسلم قبیلہ کے سردار اقرع بن حابس کو سو اونٹ دیے، عینیہ بن حصنؓ کو بھی اتنے ہی دیئے، ان دونوں کے علاوہ اور بھی سردارانِ قریش کو گراں قدر مالِ غنیمت دیا، پرانے مسلمان انصار و مہاجرین پر ان کو ترجیح دی، تو ایک گستاخ شخص بولا: خدا کی قسم اس مالِ غنیمت کی تقسیم میں انصاف نہیں کیا گیا ہے اور نہ ہی یہ تقسیم اللہ کے لیے کی گئی ہے بلکہ اپنی قوم قریش کو خوش کرنے کے لیے کی گئی ہے۔ حضرت عبد اللہ بن مسعودؓ راویِ حدیث کہتے ہیں کہ میں نے اپنے دل میں کہا: بخدا میں اس گمراہ کن پروپیگنڈے کی خبر رسول اللہ صلی اللہ علیہ وسلم کو ضرور دوں گا، چنانچہ میں آپؐ کی خدمت میں حاضر ہوا اور جو اس شخص نے کہا تھا آپؐ کو اس کی اطلاع دی، ناانصافی اور قوم پروری کا الزام سن کر

رسول اکرم صلی اللہ علیہ وسلم کا چہرۂ مبارک سرخ ہو گیا، پھر قدرے سکون کے بعد ارشاد فرمایا: تو پھر اور کون انصاف کرے گا جب اللہ اور اس کے رسولؐ بھی انصاف نہ کریں۔ حقیقت صرف یہ ہے کہ اس شخص کو کچھ نہیں ملا، اس لیے یہ بکواس کر رہا ہے، اس کے بعد سرورِ کائنات صلی اللہ علیہ وسلم نے ارشاد فرمایا: اللہ تعالیٰ حضرت موسیٰ علیہ السلام پر ہزاروں ہزار رحمت نازل فرمائے، بے شک ان کو ان کی امت کی جانب سے اس سے بھی زیادہ ایذائیں پہنچائی گئی ہیں مگر انہوں نے ہمیشہ صبر وضبط سے کام لیا اور کوئی انتقامی کارروائی نہیں کی، اسی طرح ہمیں بھی صبر وضبط سے کام لینا چاہیے۔ (شرح ریاض الصالحین: ۴۲۱) رسول اکرم صلی اللہ علیہ وسلم نے نو مسلم قبائل اور ان کے سرداروں کو مالِ غنیمت کی تقسیم میں قدیم ترین مہاجر وانصار غازیوں پر فوقیت اور ترجیح محض اپنی مصلحت اور شرعی حکم تالیفِ قلب (نو مسلموں کی دلجوئی) کے تحت دی تھی۔ مال کی تقسیم میں ظلم اور ناانصافی کا الزام یقیناً غلط تھا، آپؐ چاہتے تو گمراہ کن پروپیگنڈا کرنے والے کو سزا دے سکتے تھے، مگر آپؐ نے صبر وضبط سے کام لیا اور حضرت موسیٰ علیہ السلام کا واقعہ یاد کر کے اپنی اذیت اور غم وغصہ کو تسکین دی۔

(۲) زید بن سعنہ جس زمانہ میں یہودی تھے، لین دین کا کاروبار کرتے تھے، آنحضرت صلی اللہ علیہ وسلم نے ان سے کچھ قرض لیا، میعادِ ادا میں ابھی کچھ دن باقی تھے، تقاضے کو آئے، آنحضرت صلی اللہ علیہ وسلم کی چادر پکڑ کر کھینچی اور سخت سست ہو کر کہا: "عبد المطلب کے خاندان والو! تم ہمیشہ یوں ہی حیلے حوالے کیا کرتے ہو۔" حضرت عمرؓ وہیں تھے۔ یہ گستاخانہ جملہ سن کر وہ غصہ سے بے تاب ہو گئے، اس کی طرف مخاطب ہو کر کہا او دشمن خدا! تو رسول اللہ کی شان میں گستاخی کرتا ہے، آنحضرت صلی اللہ علیہ وسلم نے مسکرا کر فرمایا: عمر! تم سے کچھ اور امید تھی، اس کو سمجھانا چاہیے تھا کہ نرمی سے تقاضا

کرے اور مجھ سے یہ کہنا چاہیے تھا کہ میں اس کا قرض ادا کردوں، یہ فرما کر حضرت عمرؓ سے ارشاد فرمایا کہ قرض ادا کرکے بیس صاع کھجور کی مقدار زیادہ دے دو۔ (بیہقی و ابن حبان)

زید بن سعنہ کی سخت کلامی اور انداز کے صحیح نہ ہونے کے سبب حضرت عمرؓ کو فطری طور پر غصہ آگیا، وہ تلملا اٹھے، اس لیے کہ یہ وہ وقت تھا جہاں کوئی بھی انسان بے قابو ہو جاتا ہے، آپؐ کا اشارہ ہوتا تو حضرت عمرؓ کی تلوار سے زید بن سعنہ کی گردن تن سے جدا ہو جاتی، مگر اس کے نتائج بہتر ثابت نہ ہوتے، اس لیے آپؐ نے صبر و تحمل سے کام لیا اور عین انتہائی جذبات کے موقع پر اسلام کا یہ بے مثال دلکش قانون اور طریقہ بتایا: عمر! تم سے کچھ اور امید تھی، اس کو سمجھانا چاہیے تھا کہ نرمی سے تقاضا کرے اور مجھ سے یہ کہنا چاہیے تھا کہ میں اس کا قرض ادا کردوں، بلاشبہ دنیا کا کوئی بھی مذہب حسن معاملگی اور اخلاقِ عظیم کی یہ مثال پیش نہیں کر سکتا۔

(۳) حضرت ابو ہریرہؓ کہتے ہیں کہ آپؐ کی عادت تھی کہ ہم لوگوں کے ساتھ مسجد میں بیٹھ جاتے اور باتیں کرتے، جب اٹھ کر گھر میں جاتے تو ہم لوگ بھی چلے جاتے، ایک دن حسبِ معمول مسجد سے نکلے، ایک بدو آیا اور اس نے آپؐ کی چادر اس زور سے پکڑ کر کھینچی کہ آپ کی گردنِ مبارک سرخ ہو گئی۔ آپؐ نے مڑ کر اس کی طرف دیکھا تو اس نے کہا کہ میرے اونٹوں کو غلہ سے لاد دے، تیرے پاس جو مال ہے وہ نہ تیرا ہے اور نہ تیرے باپ کا، آپؐ نے فرمایا: پہلے میری گردن کا بدلہ دو تب غلہ دیا جائے گا، وہ بار بار کہتا تھا کہ خدا کی قسم میں ہر گز بدلہ نہیں دوں گا، آپؐ نے اس کے اونٹوں پر جو اور کھجوریں لدوادیں اور کچھ تعرض نہ فرمایا۔ (ابو داؤد، کتاب الادب)

بدو عموماً وحشی مزاج ہوتے ہیں، تہذیب و تمدن سے نابلد اس بدو نے نہ صرف

بد کلامی کی بلکہ اس زور سے چادر کھینچی کہ گردنِ مبارک سرخ ہوگئی۔ اس حرکت پر کسی قائد، رہبر، پیشوا، بادشاہ اور امام نہیں بلکہ ایک عام آدمی کے دل میں انتقام کا جذبہ بھڑک اٹھتا ہے۔ اپنے سماج و معاشرہ کے حالات نگاہوں میں ہیں، بات بات پر انتقامی کارروائی اور پھر اختلاف کا ماحول گرم ہو جاتا ہے، رسول اکرم صلی اللہ علیہ وسلم نے ساری قوتوں اور سرکارِ دو عالم ہونے کے باوجود کوئی کارروائی نہیں کی، بلکہ بد دعا تک کے الفاظ زبان سے نہیں نکلے۔ قربان جاؤں میں آپؐ کے صبر و تحمل پر جس نے آپؐ کو دنیا کا امام بنایا۔

(۴) ۵ھ میں امّ المومنین حضرت عائشہؓ پر منافقین نے تہمت لگائی، یقیناً یہ عفو کے حد سے متجاوز تھا، اس لیے کہ ہر انسان کو اپنی ماں، بہن اور بیوی کی عزت پیاری ہوتی ہے، ان کے بارے میں آبرو ریزی کا کوئی بھی جملہ ہر ایک کے لیے ناقابل برداشت ہے، یہ کبر نہیں بلکہ عین غیرت اور ثواب کا کام ہے، شریعت نے ان کی عزت و آبرو کے تحفظ کی بڑی تاکید کی ہے، بلکہ اس کے لیے جان دینے کو شہادت کا درجہ دیا گیا ہے، رسول اکرم صلی اللہ علیہ وسلم نے ایسے نازک موقع پر بھی تحمل اور برداشت سے کام لیا۔ مشہور سیرت نگار علامہ شبلی نعمانیؒ اس واقعہ پر تبصرہ کرتے ہوئے لکھتے ہیں:

"سب سے بڑھ کر طیش اور غضب کا موقع افک کا واقعہ تھا، جب کہ منافقین نے حضرت عائشہ صدیقہؓ کو نعوذ باللہ تہمت لگائی تھی، حضرت عائشہؓ آپؐ کی محبوب ترین ازواج اور ابو بکرؓ جیسے یارِ غار اور افضل الصحابہ کی صاحبزادی تھیں، شہر منافقوں سے بھرا پڑا تھا، جنھوں نے دَم بھر میں اس خبر کو اس طرح پھیلا دیا کہ سارا مدینہ گونج اٹھا دشمنوں کی شماتت، ناموس کی بدنامی، محبوب کی تفضیح، یہ باتیں انسانی صبر و تحمل کے پیمانہ میں نہیں سما سکتیں، تاہم رحمتِ عالم صلی اللہ علیہ وسلم نے ان سب باتوں کے ساتھ کیا کیا؟" (سیرۃ

النبی ۲/۶۰۳)

رسول اکرم صلی اللہ علیہ وسلم کی پوری زندگی صبر و تحمل سے لبریز ہے، کسی موقع پر بھی آپؐ نے نفسانی جذبات کا استعمال نہیں کیا، غیظ و غضب اور وقتی معاملات سے طیش میں آکر کوئی بھی اقدام بلاشبہ ہزار مفاسد پیدا کرتا ہے، اس لیے ضرورت ہے کہ تمام شعبہائے حیات میں صبر و تحمل سے کام لیا جائے، آقا اپنے ملازم کے قصور اور لغزشوں کو معاف کرے اور اگر وقتی طور پر کبھی آقا ناراض ہو جائے تو ملازم کو بھی اسے برداشت کرنا چاہیے، باپ اپنے بیٹے کے ساتھ اور بیٹا اپنے باپ کے ساتھ حسن سلوک کا معاملہ کرے، میاں بیوی میں خلش ایک فطری بات ہے مگر اسے باہمی صبر و تحمل سے دور کرتے ہوئے زندگی کو خوش گوار بنانے کی کوشش کی جائے۔ غرض پر سکون اور کامیاب زندگی کے لیے صبر و تحمل اور قوتِ برداشت بنیادی عنصر ہے۔ ہماری پستی کی ایک بڑی وجہ یہ ہے کہ ہم وقتی طور پر جذبات کے رَو میں بہہ جاتے ہیں، جس سے دور رس نگاہ متاثر ہو جاتی ہے اور سوچ و تدبر کا مزاج نہیں رہتا۔ موجودہ حالات میں خاص طور پر سیرتِ نبویؐ کے اس پہلو کو اپنانے کی سخت ضرورت ہے۔

***

مزاح و مذاق - اسوۂ رسولؐ اور ہمارا عمل

"مزاح" میم کے زیر کے ساتھ مستعمل ہے، اس کے معنی دل لگی کرنا، خوش مزاجی کی باتیں کرنا، ہنسی مذاق کرنے کے آتے ہیں، ہنسی مذاق میں کبھی انسان حد سے آگے بڑھ جاتا ہے جس سے سامنے والے کی دل شکنی ہوتی ہے اور تکلیف پہنچتی ہے، اس مذاق کو عربی میں "سخریہ" کہا جاتا ہے، اسلام میں اس طرح کا مذاق جائز نہیں ہے، ارشاد باری ہے "یَا اَیُّهَا الَّذِیْنَ آمَنُوْا لَا یَسْخَرْ قَوْمٌ مِّنْ قَوْمٍ عَسٰٓی اَنْ یَّکُوْنُوْا خَیْرًا مِّنْهُمْ وَلَا نِسَاءٌ مِّنْ نِّسَاءٍ عَسٰٓی اَنْ یَّکُنَّ خَیْرًا مِّنْهُنَّ" (الحجرات:۱۱) "اے ایمان والو! نہ مردوں کو مردوں پر ہنسنا چاہئے کیا عجب ہے کہ وہ ان سے بہتر ہوں اور نہ عورتوں کو عورتوں پر ہنسنا چاہئے کیا عجب ہے کہ وہ ان سے بہتر ہوں"۔ عام طور پر کسی کی کم عقلی، عیب اور نقص پر ہنسا جاتا ہے، ہنسنے والے اپنے آپ کو اس سے بہتر سمجھتے ہیں گویا ہنسی اور مذاق کا مطلب اس کی تحقیر و تذلیل ہوتی ہے، قرآن نے مسلمانوں کو ہدایت دی ہے کہ کسی کی تحقیر نہ کیا کرو، ممکن ہے کہ تم جس کی حقارت کر رہے ہو اور جس کو اپنے سے کمتر اور ادنیٰ سمجھتے ہو، حقیقت میں اللہ کے نزدیک اس کا مقام تم سے بڑا ہو اور تمہاری اللہ کے نزدیک کوئی حیثیت نہ ہو، اصل مقام و مرتبہ تو اللہ ہی کو معلوم ہے کہ کون افضل اور کون گھٹیا ہے، کس کا درجہ بلند ہے اور کس کا پست، لہٰذا کسی کو دیکھ کر ہنسنا چاہئے اور نہ ہی مذاق اور ٹھٹھا کرنا چاہئے ایسا شخص اللہ کی نظر میں ظالم اور سخت گناہ کا مرتکب ہو گا۔

ہاں ایسی دل لگی اور مذاق جس میں دل شکنی اور ایذاء رسانی کا کوئی پہلو نہ ہو اور نہ

اس کی نیت ہو تو شریعت میں محض دل بستگی اور تفریح طبع کے طور پر اس کی اجازت ہے، (مرقاۃ المفاتیح ۵/ ۱۷۱) نبی اکرم اسے ثابت ہے کہ مختلف مواقع پر آپ نے خوش طبعی اور مزاح و مذاق کا معاملہ فرمایا ہے، خشک مزاجی آپ کو پسند نہیں تھی، آپ نہیں چاہتے تھے کہ صحابۂ کرامؓ اپنے مزاج و طبیعت کو ہمیشہ خشک اور بے لذّت بنائے رکھیں، اس لئے رسول اللہ ا کبھی کبھی اپنے جاں نثاروں اور نیاز مندوں سے مزاح فرماتے تھے اور یہ ان کے ساتھ آپ کی نہایت لذت بخش شفقت ہوتی تھی لیکن آپؐ کا مزاح بھی نہایت لطیف اور حکیمانہ ہوتا تھا۔

چنانچہ حضرت انسؓ بن مالک کہتے ہیں کہ گاؤں کا ایک آدمی جس کا نام زاہر تھا وہ آنحضرت ا کی خدمت میں گاؤں کی چیزیں ہدیہ دیا کرتا تھا تو آنحضور ا بھی اس کو جاتے وقت شہری سامان دے دیتے تھے، آنحضرت ا اس کے بارے میں فرماتے کہ زاہر ہمارا گاؤں ہے (کہ وہ گاؤں میں پیدا ہونے والے ساگ سبزی، ککڑی، پھل، پھول وغیرہ لا کر دیتا ہے) اور ہم اس کے شہر ہیں (کہ ہم اس کو شہری چیزیں دیتے ہیں) نبی اکرم ا زاہر سے بہت محبت و تعلق رکھتے تھے، ویسے وہ اچھی شکل وصورت کے نہیں تھے، ایک دن رسول اکرم ا بازار تشریف لے گئے تو دیکھا کہ وہ اپنا سودا سلف بیچ رہا ہے، آپ نے پیچھے سے اس کی اس طرح کولی بھر لی کہ وہ آپ کو دیکھ نہیں سکتا تھا یعنی آپ اس کی بے خبری میں اس کے پیچھے بیٹھ گئے اور اپنے مبارک ہاتھ اس کی دونوں بغلوں کے نیچے سے نکال کر اس کی آنکھیں چھپالیں تاکہ وہ پہچان نہ سکے، زاہر نے کہا کہ مجھے چھوڑ دو یہ کون شخص ہے، پھر اس نے کوشش کرکے کن انکھیوں سے دیکھا اور نبی اکرم ا کو پہچان گیا، پھر تو وہ اپنی پیٹھ کو نبی کریم ا کے سینہ مبارک سے چمٹانے کی پوری کوشش کرنے لگا تاکہ زیادہ سے زیادہ برکت حاصل کر لے، ادھر آپ ا نے یہ آواز لگانی شروع کی کہ کون شخص ہے جو اس

غلام کو خرید لے؟ اس نے عرض کیا یا رسول اللہ! خدا کی قسم آپ مجھ کو ناکارہ یعنی بالکل سستا اور بے کار مال پائیں گے، رسول اللہ انے ارشاد فرمایا: لیکن تم خدا کے نزدیک ناکارہ نہیں ہو۔ (مشکوٰۃ: ۴۱۶)

حضرت زاہر رضی اللہ عنہ دیہات کے رہنے والے تھے، وہ کوئی خوبصورت یا جاذب نظر نہیں تھے البتہ رسول اکرم اسے انہیں کافی محبت تھی، یہی وجہ ہے کہ وہ گاؤں دیہات میں اگنے والے ساز وسامان رسول اکرم اکی خدمت میں ہدیہ دیا کرتے تھے، ہدایا کا سلسلہ طرفین سے ہو تو زیادہ بہتر ہے، اس سے محبت میں پائیداری ہوتی ہے، چنانچہ آپ بھی ان کو بدلے کے طور پر شہر کے سامان ہدیے کے طور پر دیتے تھے، شہر میں سامان بھیجتے ہوئے حضرت زاہر کی آنکھوں کا بند کرنا مزاح کے قبیل سے تھا، جہاں اس میں انبساط اور دل بستگی ہے وہیں اس میں آپ کا حضرت زاہر سے غایت درجہ کے تعلق کا اظہار بھی ہے تاکہ وہ یہ ہرگز نہ سوچے کہ میرا وطن دیہات میں ہونے یا میری بدصورتی کے سبب حضور اکا میری طرف کوئی خاص التفات نہیں، ظاہر ہے کہ اگر کسی بلند پایہ اور مقدس شخصیت کی طرف چھوٹی معمولی حیثیت کے کسی آدمی کے ساتھ لطیف ظرافت و مزاح کا برتاؤ ہو تو ہو اس کے لیے ایسی مسرت اور عزت افزائی کا باعث ہوتا ہے جو کسی دوسرے طریقہ سے حاصل نہیں کی جاسکتی، حضرت زاہر کو آپ کے اس مزاح سے جو خوشی ہوئی ہوگی اس کا اندازہ نہیں کیا جاسکتا، آپ نے بعد میں اس کو غلام سے تعبیر کرتے ہوئے فرمایا کہ کیا کوئی اس غلام کا خریدار ہے؟ درحقیقت وہ کسی آدمی کا غلام نہیں تھا، اس لئے یہ جملہ بھی آپ نے ازراہ مزاح فرمایا اور یہ جھوٹ بھی نہیں اس لئے کہ وہ اللہ اور اس کے رسول کا غلام تو تھا ہی۔

حضرت حسن بصریؒ سے روایت ہے کہ ایک بوڑھی عورت رسول اکرم اکی

خدمت میں حاضر ہوئی اور عرض کیا یا رسول اللہ! میرے لیے خدا سے دعا کیجئے کہ مجھے جنت میں داخل کر دے، آپ نے اس سے فرمایا کہ جنت میں بوڑھی عورت داخل نہیں ہو گی، یہ سن کر وہ عورت روتی ہوئی واپس جانے لگی تو آپ نے صحابۂ کرامؓ سے کہا کہ اسے بتا دو کہ وہ جنت میں تو جائے گی مگر بوڑھی ہو کر نہیں بلکہ جوان ہو کر، اس لئے کہ اللہ تعالی نے یہ ارشاد فرمایا ہے اِنَّآ اَنْشَاْنٰهُنَّ اِنْشَآءً فَجَعَلْنٰهُنَّ اَبْكَارًا "ہم جنت کی عورتوں کو پیدا کریں گے جیسا کہ پیدا کیا جاتا ہے پس ہم ان کو کنواری بنا دیں گے"۔ رسول اللہ انے اس عورت سے از راہِ مزاح فرمایا تھا کہ بوڑھی عورتیں جنت میں داخل نہیں ہوں گی اور یہ حقیقت بھی تھی کیوں کہ مذکورہ ارشاد خداوندی کے مطابق جنت میں داخل ہونے والی عورتوں کو اللہ تعالی جوان بنا کر داخل کریں گے مگر وہ بوڑھی خاتون یہ مطلب سمجھ نہیں سکی اس لئے رونے لگیں، پھر آپ نے فوراً اس کو بلوایا اور اس کے ذہن کو صاف کیا کہ تم جنت میں جاؤ گی مگر جوان ہو کر جاؤ گی۔

حضرت انسؓ سے روایت ہے کہ ایک شخص نے رسول اکرم اسے سواری کا ایک جانور مانگا تو آپ نے فرمایا کہ میں تمہاری سواری کے لیے اونٹنی کا ایک بچہ دوں گا، اس شخص نے حیرت کے ساتھ کہا: یا رسول اللہ! میں اونٹنی کا بچہ کیا کروں گا؟ تو آپ نے فرمایا کہ اونٹ کو تو اونٹنی ہی جنتی ہے۔ (ترمذی) اس سے مقصد رسول اللہ اکا محض ظرافت اور خوش طبعی تھی مگر اس شخص نے سمجھا کہ اونٹنی کے بچے سے مراد وہ چھوٹا بچہ ہے جو سواری کے قابل نہیں ہوتا لیکن آنحضرت اکی مراد یہ تھی کہ سواری کے قابل جو اونٹ ہوتا ہے وہ بچہ تو اونٹنی کا ہی ہوتا ہے، اس لئے آپ نے بطور مزاح اور دل لگی کے مذکورہ ارشاد فرمایا، آپ نے اس کی حیرت پر جو جواب دیا اس کے ذریعہ نہ صرف حقیقت مفہوم کو ادا کیا بلکہ اس طرف بھی اشارہ فرمایا کہ اگر تم تھوڑی سی عقل سے کام لیتے اور میری

بات کی گہرائی تک پہنچنے کی کوشش کرتے تو اس حیرت میں نہ پڑتے اور حقیقی مفہوم کو خود سمجھ لیتے، لہٰذا اس ارشاد میں صرف ظرافت ہی نہیں بلکہ اس امر کی طرف متوجہ کرنا بھی مقصود ہے کہ سننے والے کو چاہیے کہ وہ اس بات میں غور و تامل کرے جو اس سے کہی گئی ہے اور بغیر سوچے سمجھے سوال و جواب نہ کرے بلکہ پہلے اس بات کو سمجھنے کی کوشش کرے اور غور و فکر کے بعد آگے بڑھے۔ (مظاہر حق جدید ۵/۴۸۶)

صاحبِ مشکوٰۃ نے باب المزاح کا الگ سے عنوان قائم کیا ہے اور اس کے تحت مذکورہ احادیث اور روایت کے علاوہ دوسری احادیث بھی نقل کی ہیں، جن سے معلوم ہوتا ہے کہ آپ ﷺ کبھی کبھی صحابہ کرام سے خوش طبعی کی ایسی باتیں فرماتے جن سے فطری طور پر سننے والوں کو انبساط اور خوشی کا احساس ہوتا، آپ کا مقصد مخاطب کی دل بستگی، دلداری، خوش وقتی اور آپس میں محبت و الفت کے جذبات کو مستحکم کرنا ہوتا تھا، اس لئے حضرات فقہاء و محدثین نے ایسے ہنسی مذاق جو دوسروں کی اذیت کا باعث نہ ہو سنت اور مستحب قرار دیا ہے، لیکن یاد رہے کہ اعتدال ہر چیز میں پسند ہے، مزاح کا یہ مطلب نہیں کہ شب و روز اسی کو اپنا مشغلہ بنالیا جائے بلکہ کبھی کبھار اگر ایسا کر لیا جائے ظرافت و خوش طبعی کے طور پر تو مطلوب و محمود ہے اور ایسا مزاح و ظرافت جائز نہیں جس میں حد سے تجاوز کیا جائے اور اس کو عادت بنالیا جائے کیوں کہ ہر وقت مزاح و ظرافت میں مبتلا رہنا اور اس میں حد سے تجاوز کرنا بہت سی خرابیوں کا باعث ہوتا ہے جیسے اس سے بہت زیادہ ہنسی اور قہقہہ آتا ہے اور قہقہہ اور بہت زیادہ ہنسی سے شریعت میں روکا گیا ہے، اسی طرح یہ قلب و ذہن کو قساوت اور بے حسی میں مبتلا کر دیتا ہے، ذکر الٰہی سے غافل کر دیتا ہے، دین میں غور و فکر اور پیش قدمی سے روکتا ہے اور اکثر اوقات اس کا انجام ایذارسانی اور آپسی بغض و عناد کی شکل میں ظاہر ہوتا ہے اسی طرح یہ بھی حقیقت

ہے کہ جو شخص ہر وقت ہنسی مذاق کرتا رہتا ہے اس کی شخصیت بری طرح متاثر اور مجروح ہو جاتی ہے، ہزار علم سہی، مگر اس کا کوئی دبدبہ لوگوں پر باقی نہیں رہتا اور نہ اس کی عظمت اور وقار باقی رہتا ہے، اسی لئے آپ انے ایک حدیث میں کثرتِ مزاح سے منع کرتے ہوئے ارشاد فرمایا "لَا تُمَارِ اخاک ولَا تُمَازِحْہُ" "اپنے بھائی سے جھگڑا نہ کرو اور نہ ان سے مزاح ومذاق کرو۔" (ترمذی)

یہاں اگرچہ مطلق مزاح کی ممانعت ہے مگر اس سے مراد ہر طرح کا مزاح ومذاق نہیں ہو سکتا اس لئے کہ رسول اکرم انے خود صحابۂ کرام کے ساتھ مزاح کا معاملہ فرمایا ہے جیسا کہ اوپر کی روایات سے معلوم ہوا اور ایسا نہیں ہو سکتا کہ جس چیز سے منع کیا جائے اور جس سے امت کو روکا جائے خود آپ ااس کو انجام دیں۔ امام نوویؒ شارحِ مسلم نے دونوں میں اس طرح تطبیق دی ہے کہ کثرت مزاح جو قساوتِ قلب کا باعث ہو جائے یا اللہ تعالی کے ذکر وفکر سے روک دے یا ایذاء مسلم کا سبب بن جائے یا وقار وہیبت گرادے وہ ممانعت میں داخل ہے اور جو ان سب سے خالی ہو محض دوسرے کی دلداری اور اس کے انبساط کا سبب ہو وہ مستحب ہے اور یہی رسولِ اکرم اکا عمل ہے۔ (شمائل ترمذی مترجم:۲۲۱)

یہ واقعہ ہے کہ بہت زیادہ ہنسی مذاق کرنے سے نتیجتاً آپسی تعلقات رنجش اور تلخی میں تبدیل ہو جاتے ہیں، مذاق کرنے والے کا رعب ودبدبہ ختم ہو جاتا ہے، اس لئے مزاح کرتے ہوئے جہاں اس بات کا خیال رکھنا ضروری ہے کہ اس میں کسی کی ایذاء رسانی اور تحقیر شامل نہ ہو وہیں یہ بھی خاص خیال رکھا جائے کہ حد اعتدال سے نہ نکلنے پائے، کسی چیز کا بھی اعتدال جب ختم ہو جاتا ہے تو اس کا حسن جاتا رہتا ہے، البتہ یہ بہتر بات ہے کہ گاہے بگاہے مزاح اور ظرافت کا معاملہ کر لیا جائے، مزاج کو خشک رکھنے کے

بجائے اس کو ملنسار، نفع بخش اور لذت آمیز رکھنا چاہئے خاص طور پر یہ ان لوگوں کے لیے ضروری ہو جاتا ہے جن کو اللہ نے رعب و دبدبہ عطا کیا ہو، جو قوم کا رہبر اور سرپرست ہو جیسے اساتذہ، بادشاہ اور مشائخ وغیرہ، اگر یہ لوگ اپنے چہرے کو تُرش بنائے رکھیں، کبھی تبسم اور مسکراہٹ بھی چہرے پر نہ ہو اور نہ ہی ظرافت یا خوش طبعی کا کوئی عمل ہو تو عوام ان سے استفادہ نہیں کر سکیں گے، رعب و دبدبہ کی بنیاد پر کوئی بات کہنے کی طاقت نہیں رکھے گا، اس طرح افادہ اور استفادہ کی راہ مسدود ہو جائے گی، شاید یہی وجہ ہے کہ رسول اکرم ا نے خوش طبعی اور مزاح و ظرافت کا پہلو اختیار کیا ہے، ورنہ آپ کا ذاتی وقار اتنا بڑھا ہوا تھا کہ ایک مہینے کے سفر کی دوری تک آپ کا رعب پہنچتا تھا، صحابہ جو رات دن مجلس نبوی میں رہتے ان کو بھی ہمت نہ ہوتی کی سر اٹھا کر مکمل نگاہ آپ کے چہرۂ مبارک پر ڈال سکیں، اس لئے اگر حضور اکرم ا تبسم اور مزاح کا اہتمام نہ فرماتے تو حاضرین کو رعب کی وجہ سے پاس رہنا مشکل ہو جاتا اور انتفاع کے اسباب مسدود ہو جاتے، اس میں بڑی عبرت اور سبق ہے ان لوگوں کے لیے جو ہمیشہ ترش مزاج بنے رہتے ہیں، جن کو مسکراتے ہوئے یا ظرافت اور بے تکلفی سے بات کرتے ہوئے بڑی شرم آتی ہے اور وہ ان چیزوں کو اپنی بلندی اور شان و مرتبہ کے خلاف سمجھتے ہیں۔ قربان جایئے رسول اکرم ا پر جنھوں نے اپنے اسوۂ حسنہ کے ذریعہ امت کو ایک ایک چیز کی تعلیم دی، ادب اور معاشرت کا ایسا طرز سکھایا کہ جس سے بہتر کوئی انداز نہیں ہو سکتا۔

یہاں اس پہلو پر بھی نظر رہے کہ مذاق میں جھوٹ بولنا جائز نہیں ہے آج کل یہ رواج چل چکا ہے کہ کسی سے کوئی جھوٹی اور نازیبا گفتگو کرنے کے بعد بہت آسانی سے کہہ دیا جاتا ہے کہ میں نے مذاق کیا، یہ طریقہ شرعاً درست نہیں ہے، حد اعتدال کے ساتھ مزاح و مذاق بلاشبہ درست ہے مگر وہاں بھی حقانیت کو ترک نہ کیا جائے، حق اور سچی بات

کہہ کر جو بھی بات میں مذاق پیدا کر سکے، کیا جا سکتا ہے کوئی حرج نہیں ہے جب کہ کسی کی ایذاء رسانی نہ ہو۔ حضرت ابو ہریرہ رضی اللہ عنہ کا بیان ہے کہ ایک مرتبہ صحابہ نے رسول اکرم اسے عرض کیا یا رسول اللہ! آپ بھی ہم سے مزاح فرماتے ہیں تو آپ انے جواب دیا کہ میں صرف حق بات ہی کی حد تک مزاح کرتا ہوں۔ (شمائل ترمذی)

صحابۂ کرامؓ کو معلوم تھا کہ نبی اکرم انے مذاق سے منع فرمار کھا ہے اور یہ کہ مذاق میں عام طور پر غلط سلط باتیں بھی ہوتی ہیں، اس لئے تعجب سے سوال کیا کہ آپ مزاح بھی فرماتے ہیں آپؐ نے جواب دیا کہ صرف اسی حد تک کہ جہاں تک کہ حق بات ہو، میں غلط بات نہیں کہتا، کسی کا تمسخر نہیں کرتا، حدِ اعتدال سے تجاوز نہیں کرتا اور اس طرح کا مزاح نہ صرف جائز بلکہ بسا اوقات ضروری ہو جاتا ہے ورنہ استحباب کا درجہ تو ہے ہی۔

آج کا مزاج یہ ہو گیا ہے کہ لوگ مزاح و مذاق کے نام پر ایک دوسرے کا تمسخر اور مذاق اڑانے لگتے ہیں بلکہ طعنہ زنی اور عیب جوئی کی نوبت آ جاتی ہے، یہ تمام صورتیں قرآن کی صراحت کے مطابق حرام ہیں، خواہ اس کا تعلق زبان سے ہو یا عمل سے، جیسے کسی شخص کی تحقیر و توہین کے لیے اس کی آواز، انداز گفتگو یا کوئی عیب نقل کرنا جس سے لوگ ہنسنے لگیں یا اسی طرح کوئی لنگڑا ہے، اس کی حقارت کے لیے کوئی لنگڑاتا ہوا چل کر دکھائے کوئی ایک آنکھ سے محروم ہے اور وہ ایک آنکھ سے دیکھتا ہے تو دوسرا بھی اسی طرح نقالی کر کے بتائے، یقیناً اس سے اس شخص کو بہت سخت تکلیف پہنچے گی اور اپنے عمل یا قول سے کسی کو تکلیف پہنچانا حرام ہے، اسی لئے قرآن میں سورہ حجرات آیت ۱۱ میں علیحدہ علیحدہ مرد و عورتوں کو اس سے روکا گیا ہے، اس سے اس کی غیر معمولی اہمیت اور شدت کا اندازہ ہوتا ہے، اگر کسی شخص کے بدن یا صورت یا قد و قامت وغیرہ میں کوئی

عیب نظر آئے تو کسی کو اس پر ہنسنے یا استہزاء کرنے کی جرات نہیں کرنا چاہئے کیوں کہ اسے معلوم نہیں کہ شاید وہ اپنے صدق واخلاص وغیرہ کے سبب اللہ کے نزدیک اس سے بہتر اور افضل ہو حضرت عبداللہ بن مسعود رضی اللہ عنہ فرماتے ہیں کہ میں اگر کسی کتے کے ساتھ بھی استہزا کروں تو مجھے ڈر ہوتا ہے کہ میں خود کتا نہ بنا دیا جاؤں۔ (قرطبی: ۱۶/۲۱۳)

انسان اپنے علم، دولت اور شخصیت پر تکبر نہ کرے کہ یہ چیزیں فانی ہیں، اپنے سے کمتر حیثیت کے افراد کو دیکھ کر اللہ کا شکر ادا کرنا چاہئے اور بندوں کے ساتھ اخلاص ومحبت سے پیش آنا چاہئے اس سے ان میں احترام کا جذبہ پیدا ہوگا اور تعلقات مزید مستحکم ہوں گے، بلاشبہ خوش گوئی اور خوش کلامی آپس میں میل ملاپ پیدا کرتی ہے اور بد گوئی وبد کلامی پھوٹ پیدا کرتی ہے جو شیطانوں کا کام ہے، اگر آپ آخرت کے ساتھ دنیا میں بھی عزت ومقام چاہتے ہیں تو زبان پر قابو رکھیے اور اپنے اخلاق کو بہتر بنائیے۔

***

مہمانی اور میزبانی سے متعلق چند شرعی ہدایات

مہمان نوازی انسانی حقوق میں سے ہے، اس میں ایک انسان کی ضرورت کی تکمیل ہے اور ہمدردی و محبت کا اظہار بھی، اس لیے ہر زمانے میں مہمانی اور مہمان نوازی کا طریقہ رائج رہا ہے۔ زمانۂ جاہلیت میں تمام برائیاں سہی، مگر مہمانی نوازی کا اعلیٰ ذوق ان میں پایا جاتا تھا۔ اہل عرب مہمان کا بہت بڑا حق سمجھتے تھے، مہمان کی خدمت، حفاظت، سہولت اور آرام کے وسائل مہیا کرنے میں بطورِ خاص ان کو دلچسپی تھی، اسلام آیا تو مزید اس کی اہمیت میں اضافہ ہوا۔

حضرت شریح کعبی رضی اللہ عنہ سے روایت ہے کہ رسول اکرم صلی اللہ علیہ وسلم نے ارشاد فرمایا: جو شخص اللہ اور یومِ آخرت پر ایمان رکھتا ہے اس کو چاہیے کہ اپنے مہمان کی تعظیم و خاطر داری کرے، مہمان کے ساتھ تکلف و احسان کرنے کا زمانہ ایک دن اور ایک رات ہے اور مہمان داری کرنے کا زمانہ تین دن ہے، اس تین دن کے بعد جو دیا جائے گا وہ ہدیہ و خیرات ہو گا اور مہمان کے لیے یہ جائز نہیں ہے کہ وہ میزبان کے یہاں اس کی خواہش کے بغیر تین دن سے زائد ٹھہرے کہ وہ تنگی میں مبتلا ہو جائے۔ (صحیح بخاری و مسلم)

حدیثِ مذکور میں مہمان نوازی کو ایمان کے ساتھ جوڑ دیا گیا ہے، اس سے ایمان کی نفی مقصد نہیں ہے کہ اگر مہمان کا اکرام نہ کیا جائے تو ایمان جاتا رہے گا بلکہ محض مہمان نوازی کی ترغیب اور تعلیم مقصود ہے۔ مفہوم میں قوت اور تاکید پیدا کرنے کے لیے

آپ صلی اللہ علیہ وسلم نے یہ اسلوب اختیار کیا ہے یا اس سے کمالِ ایمان کی نفی بھی مراد لی جاسکتی ہے، یعنی وہ مسلمان کامل ایمان والا نہیں جو مہمان کی مہمان نوازی بہتر انداز میں نہ کرے۔ (مرقاۃ المفاتیح: ۴/۲۰۱) بہر حال مفہوم کچھ بھی ہو مہمان نوازی کی غیر معمولی اہمیت کا اس سے پتہ چلتا ہے۔ دوسری بعض احادیث میں اس مفہوم کو اور بھی تاکیدی الفاظ میں بیان کیا گیا ہے، جس کے سبب بعض علماء مہمان نوازی اور ضیافت کو واجب قرار دیتے ہیں، لیکن جمہور کی رائے استحباب کی ہے، یعنی یہ انسان کے حسن اخلاق میں شامل ہے کہ مہمان کی دل کھول کر ضیافت کی جائے، اپنی وسعت کے مطابق اس کا اکرام واحترام کیا جائے اور اس کے ساتھ حسن سلوک کا معاملہ کیا جائے۔ یہ سنتِ رسولؐ ہے اور بے انتہاء خیر وبرکت کا ذریعہ بھی۔ حضرت عبد اللہ بن عباس رضی اللہ عنہما نے رسول اللہ صلی اللہ علیہ وسلم کا یہ ارشاد نقل کیا ہے کہ جس گھر میں مہمانوں کو کھانا کھلایا جاتا ہے وہاں خیر یعنی رزق، برکت اور بھلائی اتنی تیزی سے پہنچتی ہے جتنی تیزی سے چھری بھی اونٹ کے کوہان کی طرف نہیں پہنچتی۔ (مشکوٰۃ: ۳۷۰)

عرب کے رواج کے مطابق آپ صلی اللہ علیہ وسلم نے اونٹ کی مثال دی ہے، جب اونٹ کا گوشت کاٹا جاتا ہے تو اس کے سب اعضاء سے پہلے اس کے کوہان کو کاٹتے ہیں اور چوں کہ کوہان کا گوشت زیادہ لذیذ ہوتا ہے اس لیے وہ شوق کے ساتھ کھایا بھی جاتا ہے۔ حاصل یہ ہوا کہ جس طرح کوہان پر چھری پہنچتی ہے اس سے بھی زیادہ جلد اس گھر میں خیر وبھلائی پہنچتی ہے جس میں مہمانوں کو کھانا کھلایا جاتا ہے۔

ایک مسلمان کو یقین رکھنا چاہیے کہ مہمان جب آتا ہے تو اپنے ساتھ برکتوں اور رحمتوں کا خزینہ لے کر آتا ہے۔ مہمان کی ضیافت سے کھانے میں کمی نہیں بلکہ بے انتہا اضافہ ہوتا ہے، غیب سے اللہ تعالیٰ اس کا انتظام فرماتے ہیں کہ وہ جس کو آپ کے یہاں

بھیجتا ہے اس کا رزق بھی اتار دیتا ہے، وہ آپ کے دستر خوان پر آپ کی قسمت کا نہیں کھاتا بلکہ اپنے مقدر کا کھاتا ہے اور اللہ کے نزدیک آپ کے اعزاز و اکرام میں اضافہ کا باعث بنتا ہے۔ احکامِ الٰہی کے رمز شناس حضرت مولانا شاہ ولی اللہ محدثِ دہلویؒ ضیافت کی اہمیت بیان کرتے ہوئے لکھتے ہیں:

"مہمان نوازی فیاضی کے قبیل سے ہے، جو چار اہم صفات میں سے ایک ہے، اس سے ملک وملت کی شیر ازہ بندی ہوتی ہے، یعنی لوگ ایک دوسرے سے جڑتے ہیں اور ان میں باہم محبت و مؤدّت پیدا ہوتی ہے اور مسافروں کو پریشانی سے نجات ملتی ہے، اس لیے ضروری ہے کہ مہمان نوازی کو زکوٰۃ کی طرح لازمی حکم قرار دیا جائے، اس کی ترغیب دی جائے اور اس پر ابھارا جائے، چنانچہ رسول اکرم صلی اللہ علیہ وسلم نے ارشاد فرمایا: مؤمن پر مہمان کا اکرام لازم ہے۔" (رحمۃ اللہ الواسعۃ: ۵ / ۴۸۵)

مہمان کے اکرام اور خاطر تواضع میں وہ ساری باتیں داخل ہیں جو مہمان کے اعزاز واکرام، آرام وراحت، سکون و مسرت اور تسکین جذبات کے لیے ہوں، خندہ پیشانی اور خوش اخلاقی سے پیش آنا، ہنسی خوشی اور مزاحیہ کلمات سے دل بہلانا، اٹھنے بیٹھنے، سونے اور کھانے پینے کا بہتر انتظام کرنا، اس کی ضروریات کا لحاظ رکھنا، اپنے معزز دوستوں سے تعارف اور ملاقات کرانا، تکلیف دہ باتوں سے پرہیز کرنا، خود بنفس نفیس خدمت کرنا، اس کے علاوہ اکرام میں وہ تمام چیزیں داخل ہوں گی جن سے مہمان کا دل خوش ہوتا ہو۔ حضرات صحابہؓ شروع کے ایام میں اگرچہ خود محتاج تھے، انہیں پیٹ بھر کھانا نصیب نہیں تھا لیکن جب مہمان آتے تو دل کی گہرائی، وسعتِ قلبی، کشادہ پیشانی اور نہایت خوش خلقی سے پیش آتے، اگر گھر میں کچھ ہوتا تو اپنے کھانے سے پہلے مہمان کو پیش کرتے، مہمان کے کھانے کے بعد کچھ بچتا تو کھاتے ورنہ بھوکے رہ جاتے اور اس عمل پر انہیں قلبی

مسرت محسوس ہوتی تھی۔ حضرت ابوہریرہ رضی اللہ عنہ کا بیان ہے کہ ایک شخص رسول اکرم صلی اللہ علیہ وسلم کی خدمت میں حاضر ہوا اور عرض کیا کہ میں بھوک سے پریشان ہوں، آپؐ نے ازواجِ مطہراتؓ میں سے ایک کے پاس اطلاع بھیجی تو ان کا جواب آیا کہ ہمارے پاس تو اس وقت بجز پانی کے کچھ نہیں ہے، دوسرے کے پاس پیغام بھیجا وہاں سے بھی یہی جواب آیا، پھر تیسری چوتھی، یہاں تک کہ تمام امہات المومنینؓ کے پاس بھیجا اور سب کا ایک ہی جواب آیا کہ پانی کے سوا ہمارے پاس کچھ بھی نہیں، اب آپؐ نے حاضرین مجلس سے خطاب فرمایا کہ کون ہے جو آج رات اس شخص کی مہمانی کرے، ایک انصاری نے عرض کیا: یارسول اللہ! میں کروں گا، وہ ان کو ساتھ لے گئے اور جاکر گھر میں پوچھا کہ کھانے کے لیے کچھ ہے؟ تو بیوی نے بتلایا کہ صرف اتنا ہے کہ ہمارے بچے کھالیں، انصاری بزرگ نے بچوں کو سلادینے کے لیے فرمایا اور فرمایا کہ مہمان کے سامنے کھانا رکھنے اور خود ساتھ بیٹھ جانے کے بعد اٹھ کر چراغ گل کردینا کہ ہمارے نہ کھانے کا مہمان کو احساس نہ ہو، مہمان نے کھانا کھالیا، جب یہ صبح کو آنحضرت صلی اللہ علیہ وسلم کی خدمت میں حاضر ہوئے تو آپؐ نے فرمایا کہ اللہ تعالیٰ نے تمہارے اس معاملہ کو جو تم نے گذشتہ رات اپنے مہمان کے ساتھ کیا بہت پسند فرمایا، اس واقعہ پر قرآن کی یہ آیت نازل ہوئی: وَيُؤْثِرُوْنَ عَلٰٓي اَنْفُسِهِمْ وَلَوْ كَانَ بِهِمْ خَصَاصَةٌ۔ (سورہ حشر: ۹)

"اور یہ لوگ ان کو اپنی جانوں پر بھی ترجیح دیتے ہیں اگرچہ ان کو فقر وفاقہ ہی کیوں نہ ہو۔" (قرطبی بحوالہ معارف القرآن: ۸/ ۳۷۵)

انصاری صحابی کے پاس اتنا کھانا نہیں تھا کہ مہمان کی ضیافت کرسکتے، اس لیے اگر وہ مہمان کو ساتھ نہ لے جاتے یا گھر پہنچنے کے بعد عذر کردیتے تو کوئی حرج نہیں تھا، اس پر کوئی گرفت نہ ہوتی، مگر وہ مہمان نوازی کے خیر وبرکت سے واقف تھے، ان کو یقین تھا

کہ اس کو کھلانے سے اللہ کی رضامندی ملے گی اور قدرت کی جانب سے خزانۂ غیب سے بے شمار عطایا حاصل ہوں گے، اسی لیے انہوں نے اپنے پیارے بچوں کو بھوکا سلا دینا گوارہ کیا، پر مہمان کے اکرام واحترام میں کوئی کمی نہ ہونے دی، کھانا کم تھا اس لیے چراغ بجھا دینے کی حکمت اپنائی، تاکہ مہمان تکلف میں کھانا کم نہ کھائے۔ یہ عمل اللہ تعالیٰ کو اتنا پسند آیا کہ اس کی تعریف و توصیف میں قرآن کی آیت نازل کی گئی، جو قیامت تک تلاوت کی جاتی رہے گی، اس سے جہاں صحابۂ کرامؓ کی مہمان نوازی، ایثار، محبت و ہمدردی کے جذبۂ صادق کا علم ہوتا ہے وہیں ضیافت اور مہمان نوازی کی غیر معمولی اہمیت کا پتہ چلتا ہے۔ افسوس کہ آج کل تمام اسباب و وسائل اور فراخی کے باوجود مہمانوں کے احترام و اکرام کا مزاج نہ کے برابر ہے، کسی مہمان کو دیکھنے کے بعد استقبال اور کشادہ قلبی کے بجائے تنگ دلی، بے رخی، سرد مہری اور کڑھن کا احساس ہوتا ہے، اس کیفیت کے ساتھ اگر خوب اور اچھا کھانا کھلا بھی دیا جائے تو کیا حاصل؟ رحمتوں اور برکتوں کا نزول ہوگا اور نہ ہی اجر و ثواب کا مستحق قرار دیا جائے گا۔ ایسے لوگوں کو سوچنا چاہیے کہ وہ بھی جب کسی کا مہمان بنیں گے تو ان کے ساتھ اچھا برتاؤ نہیں کیا جائے گا، اس لیے کہ یہ قدرت کا نظام ہے کہ جو جیسا معاملہ کرتا ہے اس کے ساتھ اسی جیسا معاملہ کیا جاتا ہے، دوسرے کا احترام کیے بغیر اپنے احترام کی امید فضول ہے۔ آج ہم اپنے مہمان کے ساتھ نیک سلوک اور عزت کا برتاؤ کریں گے تو کل وہ ہمارے ساتھ کرے گا، کم از کم اس پہلو سے بھی مہمان کی عزت کرنی چاہیے۔

واضح رہے کہ ایک دن اور ایک رات میزبان کو مکمل تکلف سے کام لینا چاہیے، گویا پہلا دن خصوصی خاطر مدارات کا ہے، جہاں تک ہوسکے اس دن مہمان نوازی کا مکمل اہتمام کیا جائے، جس طرح انعام دینے والا دل کی انتہائی خوشی اور محبت کے گہرے

جذبات کے ساتھ انعام دیتے ہوئے روحانی سرور محسوس کرتا ہے ٹھیک یہی کیفیت پہلے شب وروز میں میزبان کی ہونی چاہیے، اسی لیے حدیث میں اس کو "جائزہ" یعنی انعام سے تعبیر کیا گیا ہے۔ ایک دن اور ایک رات کے بعد ضیافت کے سلسلے میں وہ غیر معمولی اہتمام نہ رہ سکے تو کوئی مضائقہ نہیں، تاہم تین دن تک مہمان کا حق ہے کہ اس کے کھانے پینے کا انتظام کیا جائے اور شوق و محبت میں کوئی کمی نہ کی جائے، تین دن کے بعد میزبان کو اختیار ہے، ثواب کی نیت سے ضیافت کے سلسلے کو باقی رکھے یا مہمان سے معذرت کرلے۔

قرآن مجید میں حضرت ابراہیم علیہ السلام کے مہمانوں کا تذکرہ اس طرح کیا گیا ہے: هَلْ اَتٰىكَ حَدِيْثُ ضَيْفِ اِبْرٰهِيْمَ الْمُكْرَمِيْنَ اِذْ دَخَلُوْا عَلَيْهِ فَقَالُوْا سَلٰمًا قَالَ سَلٰمٌ قَوْمٌ مُّنْكَرُوْنَ فَرَاغَ اِلٰٓى اَهْلِهٖ فَجَآءَ بِعِجْلٍ سَمِيْنٍ فَقَرَّبَهٗٓ اِلَيْهِمْ قَالَ اَلَا تَاْكُلُوْنَ۔ (ذاریات: ۲۴-۲۷) "اے پیغمبر! ابراہیم کے معزز مہمانوں کی حکایت بھی تم تک پہنچی ہے؟ کہ جب یہ لوگ ان کے پاس آئے تو آتے ہی سلام کیا، ابراہیمؑ نے جواب میں سلام کیا اور دل میں کہا کہ یہ لوگ تو کچھ اجنبی سے معلوم ہوتے ہیں، پھر جلدی سے گھر میں جا کر ایک موٹا تازہ بچھڑا یعنی اس کا گوشت بھنوا کر مہمانوں کے لیے لائے اور ان کے سامنے رکھا تو انہوں نے تامل کیا، حضرت ابراہیم علیہ السلام نے پوچھا آپ لوگ کھاتے کیوں نہیں۔" یہ مہمان دراصل فرشتے تھے، جو بہ شکل انسان حضرت ابراہیم علیہ السلام کے پاس آئے تھے۔ اہل ذوق مزید تفصیلات مذکورہ آیات کی تفسیر میں پڑھ سکتے ہیں۔

حضرات مفسرین نے ان آیات کی روشنی میں مہمان نوازی کے بعض آداب کا تذکرہ کیا ہے، جو اپنی جگہ بڑی اہمیت کے حامل ہیں۔ ذیل میں چند آداب ملاحظہ کیے جا سکتے ہیں:

(۱) مہمان اور میزبان میں کلام کی ابتداء باہمی سلام سے ہونا چاہیے، مہمان کو چاہیے کہ وہ سلام میں پہل کرے، جیسا کہ حضرت ابراہیم علیہ السلام کے مہمان نے سلام کا آغاز کیا، اگر کسی وجہ سے مہمان سلام نہ کرسکے تو میزبان سلام کرے اور خیر و عافیت معلوم کرے۔

(۲) مہمان کو کھانے پینے کا سامان فوراً تیار کرنا چاہیے، حضرت ابراہیم علیہ السلام کے مہمان جب آئے تو حضرت ابراہیم علیہ السلام فوراً ان کے کھانے پینے کے انتظام میں لگ گئے۔ بہتر طریقہ یہ ہے کہ مہمان کے آنے کے ساتھ پانی، شربت، چائے، بسکٹ یا اس طرح کی دوسری چیزیں جو بآسانی مہیا ہوں پیش کرے، تاکہ کھانا تیار ہونے تک مہمان بھوکا نہ بیٹھے۔

(۳) جہاں تک ہوسکے بہتر سے بہتر کھانا پیش کرے جیسا کہ حضرت ابراہیم علیہ السلام نے موٹا تازہ بچھڑا بھون کر پیش کیا۔

(۴) مہمانوں کے کھانے پینے کا سامان مخفی طور پر ان کی نگاہ سے بچا کر کرنا چاہیے، کیوں کہ مہمانوں کو جب آپ کی سرگرمیوں کا علم ہوگا تو وہ ازراہِ تکلف آپ کو روکیں گے، اسی لیے حضرت ابراہیم علیہ السلام خاموشی سے ازخود سامانِ ضیافت تیار کرنے چلے گئے۔

(۵) کسی بہانے میزبان کو مہمان سے تھوڑی دیر کے لیے علاحدہ ہو جانا چاہیے، تاکہ اس کو آرام کرنے اور اپنی ضروریات سے فارغ ہونے کا موقع مل سکے۔ حضرت ابراہیم علیہ السلام کے پاس جب مہمان آئے تو ان کے کھانے پینے کے انتظام کے لیے مہمانوں سے کچھ دیر کے لیے الگ ہو گئے۔

(۶) کھانا مہمانوں کے سامنے پیش کرنا چاہیے، ان کو کھانے کا حکم نہیں دینا چاہیے،

اسی لیے حضرت ابراہیم علیہ السلام نے ان کے سامنے کھانا پیش کیا، حکم نہیں دیا۔

(۷) مہمانوں کے کھانے سے مسرور اور نہ کھانے سے مغموم ہونا چاہیے، کیوں کہ جو لوگ بخیل ہوتے ہیں وہ کھانا تو مہمانوں کے سامنے پیش کر دیتے ہیں لیکن ان کی خواہش یہی ہوتی ہے کہ مہمان کم کھائے یا نہ کھائے، اسی لیے حضرت ابراہیم علیہ السلام کو مہمانوں کے نہ کھانے پر اندیشہ ہوا۔ نبیٔ اکرم صلی اللہ علیہ وسلم کا معمول تھا کہ مہمانوں کو جب اپنے دستر خوان پر کھانا کھلاتے تو فرماتے: "اور کھایئے اور کھایئے"

(۸) مہمان کی عزت و آبرو کا مکمل لحاظ رکھے اور اس کی عزت و آبرو کو اپنی عزت و آبرو سمجھے۔ حضرت لوط علیہ السلام کے مہمانوں پر بستی کے لوگوں نے بدنیتی کا ارادہ کیا تو وہ مدافعت کے لیے اٹھ کھڑے ہوئے اور فرمایا: "یہ لوگ میرے مہمان ہیں ان کے ساتھ بدسلوکی کر کے مجھے رسوا نہ کرو۔"

(۹) نبیٔ اکرم صلی اللہ علیہ وسلم کے پاس جب معزز مہمان آتے تو آپ صلی اللہ علیہ وسلم خود بنفس نفیس ان کی خاطر داری فرماتے، اس لیے میزبان کو چاہیے کہ مہمان کی خود خدمت کرے، ملازموں یا بچوں کے حوالے نہ کرے، مہمان سے استغنائی کیفیت بہتر نہیں ہے۔ حضرت امام شافعیؒ جب امام مالکؒ کے یہاں جا کر بطورِ مہمان ٹھہرے تو امام مالکؒ نے نہایت عزت و احترام سے انہیں ایک کمرے میں سلا دیا، سحر کے وقت امام شافعیؒ نے سنا کہ کسی نے دروازہ کھٹکھٹایا اور بڑی ہی شفقت سے آواز دی: "آپ پر خدا کی رحمت ہو، نماز کا وقت ہو گیا ہے۔" امام شافعیؒ فوراً اٹھے، کیا دیکھتے ہیں کہ امام مالکؒ ہاتھ میں پانی کا بھرا ہوا لوٹا لیے کھڑے ہیں، امام شافعیؒ کو کچھ شرم سی محسوس ہوئی، امام مالکؒ تاڑ گئے اور نہایت محبت کے ساتھ بولے: "بھائی! تم کوئی خیال نہ کرو، مہمان کی خدمت تو کرنا ہی چاہیے۔" (آدابِ زندگی: ۲۰۲)

مہمان اچھے ہوں یا برے، ہر ایک کے ساتھ اچھا سلوک کرنا چاہیے، کسی موقع پر اگر مہمان نے آپ کے ساتھ بے مروّتی اور روکھے پن کا سلوک کیا ہو تب بھی آپ اس کے ساتھ نہایت فراخ دلی، وسعتِ ظرفی اور فیاضی کا سلوک کیجیے۔

مہمانوں کو بھی درجِ ذیل آداب کا خیال رکھنا چاہیے:

(۱) مہمان کو حسبِ حیثیت میزبان یا میزبان کے بچوں کے لیے کچھ تحفے تحائف لے جانا چاہیے، تحفوں اور ہدیوں کے تبادلے سے محبت اور تعلق کے جذبات بڑھتے ہیں ۔

(۲) جس کے یہاں بھی مہمان بن کر جائیں کوشش کریں کہ تین دن سے زیادہ نہ ٹھہریں مگر یہ کہ میزبان کا شدید اصرار ہو۔

(۳) میزبان کو اپنے یہاں آنے کی دعوت دیجیے اور آنے پر خوب خاطر تواضع کیجیے۔

(۴) مہمان کو موسم کے لحاظ سے ضروری سامان لے لینا چاہیے، جیسے چادر، بستر وغیرہ، تاکہ میزبان کو تکلیف نہ اٹھانی پڑے اور مہمان وبالِ جان نہ بن جائے۔

(۵) میزبان کی مصروفیات کا خیال رکھیے، کہیں آپ کی وجہ سے ان کا معمول متاثر نہ ہو۔

(۶) میزبان سے کسی چیز کا مطالبہ نہ کیجیے، جو حاضر ہو اس پر اکتفا کر لیا جائے۔

(۷) میزبان کی خواتین اگر غیر محرم ہوں تو ان کی طرف تاک جھانک نہ کریں اور کوشش کریں کہ مہمان کی موجودگی سے انہیں کوئی تکلیف اور دقت نہ ہونے پائے۔

(۸) مہمان کو چاہیے کہ اگر کسی وجہ سے کھانا نہ کھائے تو بہتر انداز میں معذرت کر دے۔

(۹) کھانا کھانے کے بعد میزبان کے لیے کشادہ روزی، خیر و برکت اور رحمت و مغفرت کے لیے دعا کرنی چاہیے۔ (آدابِ زندگی:۲۰۲)

مہمانی اور میزبانی کے جو آداب اور اصول بیان کیے گئے ہیں ان کی اگر مکمل رعایت کی جائے تو کوئی وجہ نہیں کہ اتحاد، محبت اور ہمدردی کا ماحول پیدا نہ ہو۔ بلاشبہ ضیافت ایک اونچا اور بافیض عمل ہے، جس کا رواج عرب ملکوں میں آج بھی کثرت سے موجود ہے، ضرورت ہے کہ ہم بھی اپنے معاشرے میں اس کو عام کریں، مالدار ہو یا غریب، رشتہ دار ہو یا نہ ہو، ایمان و انسانیت کی بنیاد پر ہر مہمان کا اکرام و احترام کیا جائے اور مکمل کشادہ قلبی سے اس کا استقبال کیا جائے کہ یہ رضامندیِ الٰہی کا ذریعہ بھی ہے اور خیر و برکت کا سرچشمہ بھی۔

پھولوں کو تو سر خوب چڑھاتا ہے زمانہ
ہے کوئی جو کانٹوں کو بھی سینے سے لگائے

***

مریض کی عیادت اور رسولِ اکرمؐ کا اسوہ

صحت اور بیماری انسان کے ساتھ لگی رہتی ہے شاید کوئی ایسا انسان نہیں جو ہمیشہ صحت یاب رہا ہو اور ایک لمحہ کے لیے بھی کسی مرض میں مبتلا نہ ہوا ہو، اس میں کوئی شک نہیں کہ صحت آدمی کے لیے ہزار نعمت ہے تمام دینی و معاشرتی خدمات اہل وعیال کی نگرانی، تجارت و کاروبار بلکہ دنیا کا کوئی بھی ایسا کام نہیں جس کے لیے صحت کی ضرورت نہ ہو، اسی لیے ہر شخص یہ تمنا کرتا ہے کہ وہ ہمیشہ صحتمند اور تر و تازہ رہے لیکن اس کا یہ مطلب ہرگز نہیں کہ بیماری صرف دکھ اور مصیبت کی چیز ہے اس میں راحت اور نعمت کا کوئی پہلو نہیں، رسول اکرم صلی اللہ علیہ وسلم کے ارشادات میں غور کرنے سے معلوم ہوتا ہے کہ بیماری ایک طرح سے رحمت بھی ہے اس سے گناہوں کی صفائی ہوتی ہے اور جنت میں درجات بلند ہوتے ہیں، اللہ تعالیٰ بعض بندوں کے لیے آخرت میں بلند مقام کا فیصلہ کرتا ہے مگر ان کے پاس وہ اعمال نہیں جن کے سبب وہ اس کے مستحق ہوسکیں اس لیے بسا اوقات بعض بیماریوں میں مبتلا کر کے ان کو اس قابل بنایا جاتا ہے کہ وہ آخرت کی اس بلندی اور مقام کے اہل ہو جائیں، اس لیے اللہ کے سعادت مند بندوں کو چاہیے کہ مصیبت اور بیماری پر صبر کریں اللہ کی مرضی پر ہر حال میں خوش رہیں، دوا اور ظاہری اسباب کو اختیار کرنے کے ساتھ ضرور اس بات کو ذہن میں رکھیں کہ ان مصائب و امراض میں ضرور اللہ کی حکمتیں پوشیدہ ہوں گی۔

یہ بات تو ظاہر ہے کہ شریعت نے مریض کو صبر کرنے کی تاکید کی ہے مگر اس کے

تعلق سے اس کے رشتہ داروں، پڑوسیوں اور عام مسلمانوں پر بھی کچھ حقوق عائد ہوتے ہیں جن کی نگہداشت آخرت پر یقین رکھنے والوں کے لیے از حد ضروری ہے۔ کسی بھی بیمار شخص کے تئیں ایک مسلمان کا فرض بنتا ہے کہ اس کے ساتھ ہمدردی اور غمخواری کی جائے، اس کے احوال پوچھے جائیں اور جہاں تک ہوسکے اس کا تعاون کیا جائے، اسی کو عربی زبان میں عیادت کہا جاتا ہے۔ عیادت کی ادنیٰ قسم تو یہ ہے کہ بیمار کے پاس جاکر اس کی مزاج پرسی کر لی جائے یا تیمار داروں سے اس کے احوال معلوم کر لیے جائیں لیکن عیادت کی اعلیٰ قسم یہ ہے کہ اس کے ساتھ مکمل غمخواری کی جائے یعنی اگر اس بیمار کے پاس پیسے کی کمی ہے اور اللہ نے آپ کو وسعت دی ہے تو آپ پیسوں کے ذریعہ اس کا تعاون کریں تاکہ دوا و علاج صحیح طور پر کیا جاسکے۔ اگر خدمت گزاری کی ضرورت ہو تو اس کا انتظام کیا جائے۔ صحیح ڈاکٹر کی رہنمائی کی جائے، اپنے علم کے اعتبار سے صحیح، مفید اور بہتر مشورے دیئے جائیں بہر حال جیسا بھی ہو ایک مسلمان کی پہچان یہ ہے کہ کسی بھی مسلمان بھائی کو مرض اور بیماری میں مبتلا دیکھ کر اس کے رحم کے جذبات ابھریں اور اس کی مصیبت کا اسے بھی احساس ہو، بلاشبہ ہر بیمار قابل رحم ہوتا ہے کیا بعید ہے کہ اس کی بیماری پر رحم کرنے والا جب کبھی مرض میں مبتلا ہو جائے تو غیب سے اللہ تعالیٰ اس پر رحم کرنے والے افراد کو مہیا کریں، شریعت نے بھی بیماروں کے ساتھ ہمدردی کی ہے کہ وہ بہت سے فرائض جن کے ادا کرنے سے وہ مجبور ہیں یا جن کے ادا کرنے سے ان کی تکلیف میں زیادتی ہوسکتی ہے ان کو یک قلم معاف کر دیا گیا ہے۔ مثلاً ایک بیمار ایسا ہے جس کے لیے پانی کا استعمال نقصان دہ ہے یا وضو کرنے کی اس کو طاقت نہیں تو شریعت نے اسے وضو کا مکلف نہیں بنایا بلکہ تیمم سے نماز پڑھنے کی تاکید کی ہے، اسی طرح اصل یہ ہے کہ نماز کھڑے ہو کر ادا کی جائے مگر کوئی شخص کھڑے ہو کر نماز پڑھنے کی قدرت نہیں رکھتا

تو اسے بیٹھ کر نماز پڑھنے کی اجازت ہے۔ بیماری کی بنیاد پر جمعہ کی نماز معاف ہو جاتی ہے، روزہ کو رمضان میں ادا کرنے کے بجائے صحت و تندرستی پانے کے بعد رکھنے کا حکم دیا گیا ہے۔ اسی طرح حج کے احکام میں بھی بہت سی رخصتیں دی گئی ہیں۔ قرآن کریم کے متعدد مقامات میں یہ ارشاد ہے: وَلَا عَلَى الْمَرِيضِ حَرَجٌ۔ اور نہ بیمار پر کوئی تنگی ہے۔

جب شریعت نے بیماروں کے ساتھ یہ ہمدردی کی ہے کہ بہت سے احکام ان سے وضع کر لیے گئے ہیں یا ان میں تسہیل دی گئی ہے تو بندوں کو ان کے ساتھ کتنی ہمدردی کرنی چاہیے گویا مسلمانوں کے نام یہ پیغام ہے کہ اللہ تعالیٰ ان کے ساتھ ہمدردی کا معاملہ کرتا ہے، لہٰذا تم بھی ہمدردی اور حسن سلوک کا معاملہ کرو۔ احادیث میں بھی اس کی بڑی تاکید آئی ہے بلکہ ایک مسلمان کا دوسرے مسلمان پر یہ حق بتایا گیا ہے کہ جب کوئی شخص بیمار ہو تو اس کی عیادت کرے۔ حضرت ابو ہریرہؓ سے روایت ہے کہ رسول اکرم صلی اللہ علیہ وسلم نے ارشاد فرمایا کہ ایک مسلمان کے دوسرے مسلمان پر چھ حق ہیں۔ عرض کیا گیا کہ یا رسول اللہ! وہ کیا ہیں، تو آپ نے فرمایا (۱) جب تم کسی مسلمان سے ملاقات کرو تو اسے سلام کرو (۲) جب تمہیں کوئی اپنی مدد کے لیے یا ضیافت کی خاطر بلائے تو اسے قبول کرو۔ (۳) جب تم سے کوئی خیر خواہی چاہے تو اس کے حق میں خیر خواہی کرو۔ (۴) جب کوئی چھینکے اور الحمد للہ کہے تو یرحمک اللہ کہہ کر اس کا جواب دو (۵) جب کوئی بیمار ہو تو اس کی عیادت کرو۔ (۶) جب کوئی مر جائے تو نماز جنازہ اور دفن کرنے کے لیے اس کے ساتھ جاؤ (صحیح مسلم) جن چھ حقوق کا یہاں بیان ہے ان میں سے ایک مریض کی عیادت بھی ہے یعنی جب کسی کے بیمار ہونے کی اطلاع ملے تو ضرور اس کی مزاج پرسی کرنی چاہیے خواہ ایک ہی مرتبہ کیوں نہ ہو، اگر موقع ملنے کے باوجود مریض کی عیادت نہ کی جائے تو اس کے لیے یہ قیامت کے دن بڑے افسوس کا باعث ہو گا، نبی اکرم صلی اللہ علیہ وسلم کا

ارشاد ہے: قیامت کے روز خدا فرمائے گا اے آدم کے بیٹے! میں بیمار پڑا اور تو نے میری عیادت نہیں کی؟ بندہ کہے گا، پروردگار! آپ ساری کائنات کے رب ہیں، بھلا میں آپ کی عیادت کیسے کرتا، خدا کہے گا، میرا فلاں بندہ بیمار پڑا تو تو نے اس کی عیادت نہیں کی اگر تو اس کی عیادت کو جاتا تو مجھے وہاں پاتا یعنی تو میری خوشنودی اور رحمت کا مستحق قرار پاتا۔ (مشکوٰۃ: ۱۳۴)

حضرت ابو ہریرہؓ کا بیان ہے کہ رسول اللہ صلی اللہ علیہ وسلم نے ارشاد فرمایا: جب کوئی بندہ اپنے مسلمان بھائی کی عیادت کرتا ہے یا اس سے ملاقات کے لیے جاتا ہے تو ایک پکارنے والا آسمان سے پکارتا ہے تم اچھے رہے، تمہارا چلنا اچھا رہا، تم نے اپنے لیے جنت میں ٹھکانا بنالیا ایک روایت میں یہ بھی ہے کہ جس نے اپنے مسلمان بھائی کی عیادت کی وہ جنت کے بالاخانے میں ہوگا۔

حضرت علیؓ فرماتے ہیں کہ میں نے رسول اکرم صلی اللہ علیہ وسلم سے یہ فرماتے ہوئے سنا کہ جو مسلمان دوسرے بیمار مسلمان کو دن کے پہلے حصے میں عیادت کرتا ہے تو ستر ہزار فرشتے اس کے لیے شام ہونے تک رحمت و مغفرت کی دعاء کرتے ہیں اور جو مسلمان دن کے اخیر حصے میں عیادت کرتا ہے تو ستر ہزار فرشتے اس کے لیے صبح ہونے تک رحمت و مغفرت کی دعاء کرتے ہیں اور بہشت میں اس کے لیے ایک باغ مقرر کر دیا جاتا ہے (مشکوٰۃ صفحہ: ۱۳۵) حضرت ثوبان رضی اللہ عنہ نے حضور صلی اللہ علیہ وسلم کا یہ ارشاد نقل کیا ہے کہ بندہ مومن جب اپنے صاحب ایمان بندے کی عیادت کرتا ہے تو واپس آنے تک وہ گویا جنت کے باغ میں ہوتا ہے۔ (صحیح مسلم)

اللہ اور اس کے رسول پر ایمان رکھنے والوں کے لیے عیادت مریض کا یہ اجر و ثواب بلاشبہ انتہائی اہمیت کا حامل ہے یہ مسرت کی بات ہے کہ عیادت اور مزاج پرسی

کرنے سے آپسی تعلقات میں اضافہ ہوتا ہے ایک دوسرے کے تئیں ہمدردی اور غمخواری کے جذبات پیدا ہوتے ہیں نہ صرف مریض بلکہ اس کے تمام اہل خانہ اور رشتہ داروں کے دل میں عیادت کرنے والے کی محبت پیدا ہوتی ہے اور اتحاد و یگانگت کی ایک اچھی فضا قائم ہوتی ہے اسی کے ساتھ اللہ کی طرف سے غیر معمولی اجر و ثواب کا بھی مستحق قرار دیا گیا ہے۔ گویا سماجی اور دینی دونوں ضرورتیں اس سے پوری ہوتی ہیں، اگر علم کے باوجود کسی مریض کی عیادت نہ کی جائے اور اس کی طرف بالکل کوئی توجہ نہ دی جائے تو اس سے آپس میں عداوت اور کم از کم بدظنی تو پیدا ہوگی ہی، اللہ کے نزدیک بھی وہ برا سمجھا جائے گا۔ اس لیے کہ خدا سے تعلق رکھنے والا خدا کے بندوں سے بے تعلق نہیں ہو سکتا۔ مریض کی غم خواری دردمندی اور تعاون سے غفلت برتنا دراصل خدا سے غفلت ہے۔ اس لیے عیادت اور مصیبت زدہ لوگوں کی غم خواری و مزاج پرسی میں کوتاہی اور غفلت سے کام نہیں لینا چاہیے۔ پیسے کے ذریعہ تعاون نہ سہی کم از کم مریض کے سرہانے بیٹھ کر محبت کے دو بول بھی بول لیے جائیں، یہ بھی اللہ کے نزدیک بڑی قدر و قیمت کے حامل ہیں۔ رسول اکرم صلی اللہ علیہ وسلم نے جہاں عیادت کی تعلیم دی ہے وہیں اس کے آداب بھی سکھائے ہیں جن کی رعایت سے عیادت کے بہتر نتائج پیدا ہوتے ہیں۔ کتبِ احادیث میں آپؐ کا اندازِ عیادت، طریقۂ مزاج پرسی اور بعض دعائیں منقول ہیں، عیادت کرتے ہوئے ضرور اس کا خیال رکھنا چاہیے کہ اس میں اتباعِ سنت ہے اور دینی و دنیوی ہزار فائدے بھی۔ عیادت کے چند آداب جو حضرات فقہاء و اہل علم نے اسوۂ رسول کی روشنی میں بیان کیے ہیں اختصار کے ساتھ درج ذیل ہیں۔

(ا) مریض سے تسلی و ہمدردی کے کلمات کہنا۔ رسول اکرم صلی اللہ علیہ وسلم کا دستور اور معمول یہ تھا کہ جب آپ کسی مریض کی عیادت کے لیے تشریف لے جاتے،

ان سے ایسی باتیں کرتے جن سے ان کو تسلی ہوتی اور ان کا غم ہلکا ہوتا، عام طور پر کسی بھی مریض کے پاس جانے کے بعد آپؐ ان سے طبیعت کے بارے میں دریافت کرتے پھر فرماتے لَابَاْسَ طَھُوْرٌ اِنْ شَاءَ اللّٰہ گھبرانے کی کوئی بات نہیں ہے، خدا نے چاہا تو یہ مرض جاتا رہے گا اور یہ مرض گناہوں سے پاک ہونے کا ذریعہ ثابت ہو گا۔ حضرت ابو سعید خدریؓ سے روایت ہے کہ رسول اللہ صلی اللہ علیہ وسلم نے فرمایا: جب تم کسی مریض کے پاس جاؤ تو اس کی عمر کے بارے میں اس کے دل کو خوش کرو یعنی اس کی عمر اور زندگی کے بارے میں خوش کن اور اطمینان بخش باتیں کرو مثلاً یہ کہ تمہاری حالت بہتر ہے۔ انشاء اللہ جلد ہی تم تندرست ہو جاؤ گے، اس طرح کی باتیں کسی ہونے والی چیز کو روک تو نہ سکیں گی جو ہونے والا ہے وہی ہو گا لیکن اس سے اس کا دل خوش ہو گا اور یہی عیادت کا مقصد ہے۔ (ترمذی)

(۲) مریض کے سر یا بدن پر ہاتھ پھیرنا۔ عیادت کرنے والوں کے لیے سنت یہ ہے کہ محبت اور ہمدردی کے جذبے سے مریض کے سر یا بدن پر ہاتھ پھیرے، اس سے مریض کا دل بھر جائے گا اور اسے احساس ہو گا کہ میرے دکھ درد میں دوسرے لوگ بھی شریک ہیں۔ حضرت عائشہؓ رسول اکرم صلی اللہ علیہ وسلم کا معمول بیان کرتے ہوئے فرماتی ہیں کہ جب ہم میں سے کوئی آدمی بیمار ہوتا تو رسول اللہ صلی اللہ علیہ وسلم اپنا داہنا ہاتھ اس کے جسم پر پھیرتے اور یہ دعاء پڑھتے اَذْھَبِ الْبَاْسَ رَبَّ النَّاسِ وَاشْفِ اَنْتَ الشَّافِیْ لَاشِفَاءَ اِلَّا شِفَاءُکَ شِفَاءً لَایُغَادِرُ سَقْماً" اے سب آدمیوں کے پروردگار! اس بندے کی تکلیف دور فرمادے اور شفاء عطا فرمادے تو ہی شفاء دینے والا ہے بس تیری ہی شفا شفا ہے ایسی کامل شفا عطا فرما جو بیماری بالکل نہ چھوڑے۔" (مشکوٰۃ صفحہ ۱۳۴)

حضرت سعد رضی اللہ عنہ کا بیان ہے کہ ایک مرتبہ میں بیمار ہوا تو آپؐ میرے پاس

تشریف لائے اور اپنا دست مبارک میری پیشانی پر رکھا اور میرے منہ اور پیٹ پر پھیرا، پھر دعا کی: اے خدا اسعد کو شفا عطا فرما اور اس کی ہو جرت کو مکمل فرمادے۔ اس کے بعد سے آج تک جب کبھی خیال آتا ہے تو نبی صلی اللہ علیہ سلم کے دست مبارک کی ٹھنڈک اپنے جگر پر محسوس کرتا ہوں۔ (الادب المفرد)

(۳) بیمار کی صحت یابی کے لیے دعا کرنا۔ عیادت کرتے وقت مریض کی صحت یابی کے لیے دل سے دعاء کرنی چاہیے اس میں ہمدردی اور خلوص و محبت کا اظہار ہے اور دعا قبول ہو گئی تو مریض کو صحت بھی حاصل ہو گی جو کسی بھی عیادت کرنے والے کی عظیم تمنا ہوتی ہے دعا کے لیے کوئی الفاظ متعین نہیں جس طرح بھی چاہے اور جس زبان میں بھی ہو سکے مریض کے لیے دعا کی جاسکتی ہے البتہ جو دعائیں آپؐ سے منقول ہیں ان کا کہنا یقیناً زیادہ فضیلت اور موجبِ برکت ہو گا، ایک دعا ترجمہ کے ساتھ اوپر گزر چکی ہے اس کے علاوہ بھی مختلف دعائیں منقول ہیں جیسے حضرت عبد اللہ بن عباسؓ کا بیان ہے کہ جب رسول اللہ صلی اللہ علیہ وسلم کسی مریض کی عیادت کو جاتے تو اس کے سرہانے بیٹھتے تھے۔ اس کے بعد سات بار یہ دعا فرماتے: اَسْاَلُ اللّٰہَ الْعَظِیْمَ، رَبَّ الْعَرْشِ الْعَظِیْمِ اَنْ یَّشْفِیَکَ " میں عظیم خدا سے جو عرش عظیم کا رب ہے سوال کرتا ہوں کہ وہ تجھے شفا بخشے " اور آپؐ نے یہ بھی ارشاد فرمایا کہ یہ دعا سات بار پڑھنے سے مریض ضرور شفایاب ہو گا اِلا یہ کہ اس کی موت کا وقت آگیا ہو (یا اس کا مرض لاعلاج ہو چکا ہو) (ترمذی) حضرت عثمان ابن ابی العاص نے ایک مرتبہ حضور سے بدن کے کسی حصے میں درد کی شکایت کی تو آپؐ نے فرمایا کہ تمہارے بدن کے جس حصے میں درد ہے وہاں اپنا ہاتھ رکھ کر پہلے تین مرتبہ بِسْمِ اللّٰہ پڑھو اور پھر سات مرتبہ یہ کہو اَعُوْذُ بِاللّٰہِ بِعِزَّۃِ اللّٰہِ وَ قُدْرَتِہٖ مِنْ شَرِّ مَا اَجِدُ وَ اُحَاذِرُ " میں اللہ سے اس کی عزت اور اس کی قدرت کے ذریعے اس برائی یعنی درد سے پناہ مانگتا ہوں

جسے میں اس وقت محسوس کر رہا ہوں اور آئندہ اس کی زیادتی سے ڈرتا ہوں" حضرت عثمانؓ فرماتے ہیں کہ آنحضرت صلی اللہ علیہ وسلم کے ارشاد کے مطابق میں نے ایسا ہی کیا، چنانچہ اللہ تعالیٰ نے میری تکلیف دور فرمادی۔ (صحیح مسلم)

صحیح مسلم کی ایک دوسری روایت میں حضرت عائشہؓ سے منقول ہے کہ جب گھر والوں میں سے کوئی بیمار ہوتا تو آپ صلی اللہ علیہ وسلم معوذات پڑھ کر اس پر دم فرمایا کرتے تھے۔ معوذات سے مراد قُلْ اَعُوْذُ بِرَبِّ الْفَلَق اور قُلْ اَعُوْذُ بِرَبِّ النَّاس ہے، بعض کے نزدیک قُلْ ھُوَ اللہُ اَحَد اور بعض چاروں "قل" کو معوذات میں داخل مانتے ہیں، بلاشبہ یہ تمام قرآنی سورتیں ہیں جن کے نفع بخش ہونے کا کسی کو انکار نہیں۔

(۴) مریض کے پاس زیادہ دیر تک نہ بیٹھنا۔ عیادت کے آداب میں سے ایک ادب یہ بھی ہے کہ مریض کے پاس زیادہ دیر تک نہ بیٹھے، اس سے مریض کو خواہ مخواہ تکلف ہوتا ہے، ہوسکتا ہے کہ مریض کو بیٹھے رہنے میں تکلیف ہو اب آپ کے احترام میں وہ بیٹھے گا تو اسے تکلیف ہوگی اور جتنی دیر آپ بیٹھیں گے اتنا ہی اسے تکلف سے کام لیتے ہوئے بیٹھنا ہوگا جس سے اسے کافی تکلیف ہوگی۔ اسی طرح بسا اوقات بعض مریض کو آدمی کی کثرت سے الجھن محسوس ہوتی ہے یا بولنے اور بات کرنے کے لیے دل آمادہ نہیں ہوتا، ان اوقات میں وقت کی نزاکت کا خیال کرتے ہوئے عیادت کرنے والوں کو بیدار مغزی سے کام لینا چاہیے اور مزاج پرسی کے فوراً بعد واپس آجانا چاہیے، حضرت سعید بن المسیّبؒ سے مرسلاً یہ روایت منقول ہے: اَفْضَلُ الْعِیَادَۃِ سُرْعَۃُ الْقِیَام "بہترین عیادت وہی ہے جس میں عیادت کرنے والا جلد اٹھ کھڑا ہو" (بیہقی) یہ پہلو بھی واضح رہے کہ اگر مریض آپ کا کوئی بے تکلف دوست یا عزیز ہو اور وہ خود آپ کو دیر تک بٹھائے رکھنے کا خواہشمند ہو تو آپ ضرور اس کے جذبات کا احترام کیجیے۔

(۵) مریض کے پاس شور نہ کرنا۔ عیادت کرنے والے کو چاہیے کہ مریض کے پاس شور و غل نہ کرے، حضرت عبد اللہ بن عباس فرماتے ہیں کہ عیادت کے وقت مریض کے پاس کم بیٹھنا اور شور و غوغا نہ کرنا سنت ہے نیز فرماتے ہیں کہ رسول اکرم صلی اللہ علیہ وسلم جب مرضِ وفات میں مبتلا ہوئے اور وصال کا وقت قریب آیا تو اس موقع پر بہت سے صحابہ جمع تھے اور کسی بات کو لے کر آپس میں اختلاف ہو گیا آپؐ نے اس موقع پر فرمایا: قُوْمُوْا عَنِّیْ "میرے پاس سے تم لوگ چلے جاؤ" (مشکوٰۃ) ظاہر ہے کہ مریض کو سکون اور خاموشی کا ماحول اچھا لگتا ہے، اس کے نزدیک شور و غل سے مریض کو تکلیف ہو گی اور الجھن محسوس ہو گی، اس لیے اس کے پاس جب عیادت کے لیے جائے تو اتنی ہی بات کرے جس کی ضرورت ہو عیادت کرنے والوں اور تیمار داروں کو غیر ضروری بات کرنے سے احتراز کرنا چاہیے۔

(۶) مریض کے متعلقین سے حال پوچھنا۔ چوں کہ مریض کے تیمار دار اور رشتہ دار مریض کی نگہداشت میں پریشان رہتے ہیں اس لیے ان سے بھی حوصلہ افزا کلمات کے ذریعہ ہمدردی کا اظہار کرنا چاہیے۔ ان سے مریض کا حال دریافت کرے اور تشفی بخش کلمات کہے۔

(۷) مریض کے گھر جب عیادت کے لیے جائیں تو اِدھر اُدھر تاکنے سے پرہیز کرنا چاہیے، ساتھ ہی اس احتیاط سے گھر میں داخل ہو اور اس طرح بیٹھے کہ گھر کی خواتین پر نگاہ نہ پڑے۔ حضرت عبد اللہ بن مسعودؓ ایک بار کسی مریض کی عیادت کے لیے گئے، ان کے ہمراہ کچھ اور بھی لوگ تھے گھر میں ایک خاتون بھی موجود تھیں ۔ حضرت کے ساتھیوں میں سے ایک صاحب اس خاتون کو گھورنے لگے، حضرت عبد اللہ رضی اللہ عنہ کو جب محسوس ہوا تو فرمایا کہ اگر تم اپنی آنکھیں پھوڑ لیتے تو تمہارے حق میں بہتر ہوتا۔ (

آدابِ زندگی صفحہ: ۲۲۹)

(۸) حضرت عمر فاروقؓ بیان کرتے ہیں کہ رسول اکرم صلی اللہ علیہ وسلم نے ارشاد فرمایا جب تم بیمار کے پاس جاؤ تو اس سے کہو کہ وہ تمہارے لیے دعا کرے کیوں کہ اس کی دعا فرشتوں کی دعا کی طرح ہے (ابن ماجہ) جو شخص اپنی بیماری اور مصیبت پر صبر کرتا ہے اس کے گناہ بیماری کے سبب دور ہو جاتے ہیں اور یہ اس کی معنوی طہارت کا ذریعہ ہوتا ہے، اسی طرح بیمار عام طور پر ہمیشہ اللہ کی یاد میں مصروف رہتا ہے اور اللہ سے التجا کرتا ہے ان دونوں وجوہ سے اس کی دعائیں قبول ہوتی ہیں۔ جس طرح فرشتوں کی دعاء گناہوں سے پاک ہونے کی وجہ سے کبھی رد نہیں کی جاتی، اس لیے عیادت کرنے والوں کو چاہیے کہ اپنے حق میں ان سے دعا کی درخواست کریں۔

بہر حال عیادت ایک بہت اونچا عمل ہے۔ مریض دوست ہو یا دشمن امیر ہو یا غریب عیادت اور سنت سمجھ کر مزاج پرسی ضرور کرنی چاہیے ہمارے معاشرہ میں عیادت ایک رسم بن گئی ہے لوگ اس خوف سے عیادت کرتے ہیں کہ میں نے اگر کچھ نہیں پوچھا تو وہ یا اس کے گھر والے کیا سمجھیں گے، اس سے ثواب جاتا رہتا ہے اور عمل کے باوجود اتباعِ سنت کا اجر حاصل نہیں ہوتا، کوئی بھی کام صرف اللہ کی رضا کے لیے کرنا چاہیے لوگ دوست ہوں یا دشمن ایک خدا اگر راضی ہو گیا تو کائنات کی ناراضگی کا کوئی خوف نہیں اسی طرح آج عیادت کا دائرہ سمٹ گیا ہے کوئی مالدار یا عہدہ دار یا خاص رشتہ دار ہو تو اس کی عیادت کی جاتی ہے اگر کوئی غریب ہے تو پڑوس میں ہونے کے باوجود ایک مرتبہ بھی مزاج پرسی اور اظہارِ ہمدردی کا موقع نہیں ملتا، چوں کہ اس سے ہمارا کوئی دنیوی مفاد وابستہ نہیں اور نہ آئندہ کوئی توقع ہے یہ رجحان دینی اعتبار سے انتہائی خطرناک ہے عیادت کے لیے رشتہ داری اور مالداری کو توسط نہیں بنانا چاہیے کوئی بھی مریض ہو

خواہ وہ رشتہ داروں میں سے نہ ہو، محض عبادت اور سنت سمجھ کر اس کی عیادت کرنی چاہیے، شریعت نے غیر مسلم کی بھی عیادت کا حکم دیا ہے اس لیے کہ انسانیت کی بنیاد پر وہ بھی ہماری ہمدردی کا مستحق ہے ممکن ہے کہ ہمارے اس عمل سے متاثر ہو کر ہدایت قبول کر لے روایت سے ثابت ہے کہ ایک یہودی لڑکے کی آپؐ نے عیادت کی اور اسے اسلام کی دعوت دی تو وہ مسلمان ہو گیا۔

ایک رواج ہمارے یہاں یہ بھی ہے کہ کسی مریض کی عیادت کے لیے جاتے ہوئے پھل فروٹ مٹھائی یا اور کوئی چیز لے جانا ضروری سمجھتے ہیں بلا شبہ اس میں محبت کا اظہار ہے مگر اسے لازمی عنصر سمجھ لینے سے بسا اوقات عیادت جیسی عظیم عبادت سے محروم ہو جانا پڑتا ہے۔ کبھی ایسا بھی ہوتا ہے کہ ہاتھ میں پیسہ نہیں، اب عیادت کی طرف دل کے میلان کے باوجود مزاج پرسی نہیں کرسکتے کہ خالی ہاتھ جانا معاشرہ میں برا سمجھا جاتا ہے۔ اس لیے اس میں شدت اختیار نہیں کرنی چاہے بلاشبہ شریعت کے بتائے ہوئے آداب ہی مفید اور نافع ہیں ایک مسلمان کو چاہیے کہ ان ہی اصول و آداب کی پیروی کرے جو اسلام نے بتائے ہیں کہ اس میں دینی و دنیوی کامیابی ہے۔

***

اسلام میں مشورہ کی اہمیت

انسان کو زندگی میں بیشتر ایسے امور پیش آتے ہیں جن میں وہ تذبذب کا شکار ہو جاتا ہے کرنے اور نہ کرنے دونوں پہلوؤں پر اس کی نظر ہوتی ہے، وہ سردست یہ فیصلہ نہیں کر سکتا کہ موجودہ حالات میں اسے کیا کرنا چاہیے کام کے کس رخ کو اختیار کرنے میں اس کے لیے بھلائی اور ہدایت ہے کشمکش کی اس صورت حال میں شریعت نے ہدایت دی ہے کہ ایسے تمام مواقع پر از خود فیصلہ کرنے اور اپنی عقل و دانش پر اعتماد کرنے کے بجائے متعلقہ کام کے ماہرین فن، ارباب نظر اور ہمدرد و بہی خواہ افراد سے رائے معلوم کر لی جائے، پھر باہمی غور و فکر کے بعد جس جانب دل مائل ہو، اللہ پر اعتماد کرتے ہوئے اسے اختیار کرلے،اس کو مشورہ یا مشاورت سے تعبیر کیا جاتا ہے۔

صالح، کامیاب اور پر امن زندگی گزارنے کے لیے مشاورتی نظام اپنانا از حد ضروری ہے، بلاشبہ مشورہ خیر و برکت، عروج و ترقی اور نزول رحمت کا ذریعہ ہے اس میں خسران و نقصان اور ندامت و شرمندگی کا کوئی پہلو نہیں ہے۔ رسول اکرم صلی اللہ علیہ وسلم نے ارشاد فرمایا: ماشقی عبد بمشورۃ وماسعد باستغناء رای یعنی کوئی انسان مشورہ سے کبھی ناکام اور نامراد نہیں ہوتا اور نہ ہی مشورہ ترک کر کے کبھی کوئی بھلائی حاصل کر سکتا ہے۔ (قرطبی ۴/۱۶۱)

ایک موقع پر آپؐ نے یہ بھی ارشاد فرمایا: ماخاب من استخار ولا ندم من استشار " جس نے استخارہ کیا وہ ناکام نہیں ہوا اور جس نے مشورہ کیا وہ شرمندہ ہوا۔ "(المعجم الاوسط

للطبرانی:۶۸۱۶)

اسی طرح آپؐ کا یہ بھی ارشاد ہے: المشورۃ حصن من الندامۃ وامن من الملامۃ" مشورہ شرمندگی سے بچاؤ کا قلعہ ہے اور ملامت سے مامون رہنے کا ذریعہ ہے۔"(ادب الدنیاوالدین ۱/۲۷۷)

اس میں حکمت یہ ہے کہ ایک انسان جب اپنی رائے پر عمل کرتے ہوئے کوئی کام کرتا ہے اگر اس میں ناکامی ہو جائے تو بہت سی زبانیں لعن طعن کرنے لگتی ہیں ملامت کا ایک سلسلہ چل پڑتا ہے اور پھر بڑی ذلت محسوس ہوتی ہے لیکن اگر مشورہ کے بعد کوئی کام کیا جائے تو عام طور پر اس میں ناکامی نہیں ملتی، اللہ تعالیٰ مشورہ کی برکت سے خیر کی راہیں کھول دیتا ہے اور اگر فیصلہ تقدیر کے سبب مشورہ کے تحت کیا ہوا کام بار آور اور نتیجہ خیز نہیں ہو سکا تو بھی اس میں لوگوں کے سامنے شرمندگی نہیں اٹھانی پڑتی اس لیے کہ اس میں صرف اسی کی عقل و فکر شامل نہیں ہے بلکہ مختلف ارباب نظر اور ماہرین فن کی رائیں اور عقلیں شامل ہیں ملامت کس کس کو کی جائے اور ملامت کرنے والا بھی اپنی اصابت رائے کی ضمانت نہیں دے سکتا اس لیے مشورہ میں دیگر اہم فائدوں کے ساتھ ا یک بڑا افائدہ ملامت اور طعن و تشنیع سے نجات بھی بتایا گیا ہے، ایک شاعر مشورہ کی اسی افادیت کے پیش نظر کہتا ہے۔

الرای کاللیل مسود جوانبہ واللیل لاینجلی الا بالاصباح فاضمم مصابیح آراء الرجال الی مصباح رایک تزدد ضوء مصباح

"رائے مثل شب دیجور کے ہے کہ اس کے اطراف سیاہ ہیں اور رات کا اندھیرا بغیر صبح کے زائل نہیں ہوتا، لوگوں کی رائے کی مشعل کو اپنے چراغ کے ساتھ ملا لینے سے تیرے چراغ کی روشنی زیادہ ہو جائے گی "یعنی آدمی اپنی رائے سے ایک پہلو کو سمجھتا ہے

مگر جیسا کہ رات میں اگرچہ قریب کی چیز کا احساس وادراک ہو جاتا ہے مگر ذرا فاصلہ کی چیز نظر نہیں آتی، اسی طرح تنہا اپنی رائے سے تمام پہلو روشن نہیں ہوتے، وہ برابر معرضِ خفاء میں رہتے ہیں لیکن جب صبح ہو کر شب کی تاریکی زائل ہو جاتی ہے تو مشرق ومغرب، جنوب وشمال کی تمام چیزیں روشن ہو جاتی ہیں اسی طرح جب اپنی رائے کے ساتھ دوسروں کی رائے کو ملا لیا گیا تو گویا ایک چراغ کے ساتھ جس کی روشنی تھوڑی دور تک پھیلی ہوئی تھی ہزاروں شمعوں کو روشن کر دیا اور عالم کے نورانی ہو جانے سے خود اس کے چراغ کی روشنی بھی بڑھ گئی اور اطراف وجوانب کی سب چھوٹی بڑی چیزیں ظاہر ونمودار ہو گئیں۔

بعض بلغاء کا قول ہے:

من حق العاقل ان یضیف إلی رایہ آراء العقلاء یجمع إلی عقلہ عقول الحکماء فان الرای الفذ بماذل والعقل الفرد بماضل " عاقل کا فرض یہ ہے کہ اپنی رائے کے ساتھ عقلاء کی رائے کا اضافہ کرے اور اپنی عقل کے ساتھ حکماء کی عقل کو جمع کرے کیوں کہ اکیلی رائے بسا اوقات ذلیل ہوتی ہے اور پھسل جاتی ہے اور تنہا عقل بسا اوقات گمراہ"۔ ظاہر ہے کہ اپنی عقل کے ساتھ جب دیگر عقلوں اور اپنے تجربہ کے ساتھ دیگر تجربات کو ملا لیا جائے تو اس میں استحکام پیدا ہو گا اور غلطی کا امکان کم ہو جائے گا، خواہ وہ عقلیں اپنے تئیں ناقص ہی کیوں نہ ہوں، چوں کہ مشورہ میں شریک افراد بڑی مشقتوں سے حاصل کیے ہوئے تجربات کی روشنی میں رائے دیتے ہیں اس لیے مشورہ کرنے والے کو اہم اور قیمتی باتیں مفت مل جاتی ہیں جن کو اگر وہ خود حاصل کرنا چاہے تو زندگی ختم کر کے بھی حاصل ہونا یقینی نہیں ہے اسی لیے حکیم لقمان نے اپنے بیٹے کو نصیحت کرتے ہوئے کہا تھا: تجربہ کار تجھ کو وہ رائے دیتا ہے جو اس کو نہایت گراں قیمت پر ملی ہے یعنی نہایت مشقت و

تحمل مصائب کے بعد حاصل ہوئی ہے اور تو اس کو مفت بلا تعب اڑاتا ہے۔ (اسلام میں مشورہ کی اہمیت از مفتی محمد شفیعؒ ۶۱ تا ۶۳)

حضرت علیؓ کا یہ قول بھی کتنا جامع ہے: الِاستشارۃ عین الہدایۃ و قد خاطر من استغنٰی برایہ۔ (المدخل: ۴/ ۲۸) مشورہ عین ہدایت ہے اور جو شخص اپنی رائے سے ہی خوش ہو گیا وہ خطرات سے دوچار ہوا۔ خلاصہ یہ کہ مشورہ ایک مہتم بالشان امر ہے رشد و ہدایت اور خیر و صلاح اس سے وابستہ ہے جب تک مشورہ کا نظام باقی رہے گا فساد اور ضلالت و گمراہی راہ نہیں پا سکے گی امن اور سکون کا ماحول رہے گا یہی وجہ ہے کہ رسول اکرم صلی اللہ علیہ وسلم نے ارشاد فرمایا: جب تمہارے حکام تم میں سے بہترین آدمی ہوں اور تمہارے مالدار سخی ہوں اور تمہارے معاملات آپس میں مشورہ سے طے ہوا کریں تو زمین کے اوپر رہنا تمہارے لیے بہتر ہے اور جب تمہارے حکام بدترین افراد ہوں اور تمہارے مالدار بخیل ہوں اور تمہارے معاملات عورتوں کے سپرد ہوں تو زمین کے اندر دفن ہو جانا تمہارے زندہ رہنے سے بہتر ہو گا۔" (روح المعانی: ۷/ ۵۳۱)

دنیا کے حالات اور تاریخ پر جن کی نظر ہے وہ اچھی طرح جانتے ہوں گے کہ دنیا میں جتنے بھی دینی و ملی ادارے چل رہے ہیں ان میں جن کا نظام مشورہ سے مربوط ہے ان کے تمام امور مستحکم اور پائیدار ہیں اور وہ تمام داخلی و خارجی فتنے و فساد سے پاک ہیں لیکن جب کسی ادارے یا حکومت کو خاندانی یا وراثتی نظام پر چلایا جاتا ہے کہ پہلے باپ حکمراں تھا تو محض اس بنیاد پر بیٹا اس کا اہل قرار پائے اور یہی سلسلہ چلتا رہے تو پھر یاد رکھنی چاہیے کہ یہ حکومت دیرپا نہیں ہوتی ہزار طرح کے مسائل وہاں جنم لیتے ہیں اور ایک دن پورا شہر فتنہ و فساد کے لپیٹ میں آجاتا ہے جیسا کہ زمانہ جاہلیت میں حکمرانی کا یہی طریقہ رائج تھا، اسی وجہ سے وہاں ہر گھر ہر خاندان ہر قبیلہ الگ الگ خانوں میں منقسم ہو گیا تھا فتنہ و

فساد کا ایک سیلاب تھا جس پر کوئی بندش نہیں تھی، لوگوں کو کسی گرفت کا احساس نہیں تھا، اس لیے جو شخص جو چاہتا کرتا تھا اور پھر یہیں سے زناکاری، شراب نوشی، ڈاکہ زنی، لوٹ کھسوٹ، قتل و غارت گری جیسے ہزاروں جرائم وجود میں آئے اسلام نے اس طریقہ کو مٹا کر مشاورتی نظام قائم کیا مختلف نوعیتوں سے مشورہ کی اہمیت بیان کی گئی بلکہ اس کو مسلمانوں کا وصف خاص قرار دیا گیا۔ ارشاد باری ہے: وَالَّذِيْنَ اسْتَجَابُوْا لِرَبِّهِمْ وَ اَقَامُوا الصَّلٰوةَ وَ اَمْرُهُمْ شُوْرٰى بَيْنَهُمْ وَمِمَّا رَزَقْنٰهُمْ يُنْفِقُوْنَ۔ (شوریٰ:۳۸) "ایمان والے وہ ہیں جنہوں نے اپنے رب کے حکم کو مانا نماز کو قائم کیا اور ان کے کام باہم مشورہ سے ہوتے ہیں اور جو ہم نے دیا ہے اس سے خرچ کرتے ہیں۔" اس آیت میں مسلمانوں کے جو اوصاف بیان کیے گئے ہیں ان میں ایک وصف باہمی مشورہ بھی ہے یعنی کسی اہم معاملہ کو آپسی رایوں کے ذریعہ حل کیا جانا کامل اور پختہ ایمان مسلمانوں کی صفت ہے، اطاعتِ خداوندی اور اقامتِ صلوٰۃ کے بعد فوری طور پر مشورہ کے معاملہ کو بیان کرنے سے اس کی غیر معمولی اہمیت کا پتہ چلتا ہے شاید یہی وجہ ہے کہ صحابۂ کرام اور بالخصوص خلفائے راشدینؓ نے مشورہ کو اپنا معمول بنایا تھا۔

اللہ تعالیٰ نے نبیٔ اکرم صلی اللہ علیہ وسلم کو بھی مشورہ کا حکم دیا تھا ارشاد ہے: "وَشَاوِرْهُمْ فِي الْاَمْرِ۔" "(آل عمران:۱۰۹) اے نبی آپ معاملات اور متفرق امور میں صحابۂ کرام سے مشورہ کیا کیجیے۔" بظاہر رسول اکرم صلی اللہ علیہ وسلم کو مشورہ کی حاجت نہیں تھی کیوں کہ آپؐ کے لیے وحی کا دروازہ کھلا ہوا تھا، آپ چاہتے تو وحی کے ذریعہ معلوم ہو سکتا تھا کہ کیا اور کس طرح کرنا چاہیے، اسی لیے مفسرین کرام نے یہاں بحث کی ہے کہ حکم مشورہ سے کیا مراد ہے۔ حضرت قتادہ، ربیع اور دوسرے بعض مفسرین کا خیال ہے کہ صحابۂ کرامؓ کے اطمینان قلب اور ان کو وقار بخشنے کے لیے یہ حکم دیا گیا تھا اس لیے

کہ عرب میں مشورہ اور رائے طلبی باعث عزت وافتخار تھا۔ علامہ قرطبی لکھتے ہیں: فقالت طائفة ذلک فی مکائد الحروب و عند لقاء العدو و تطیباً لنفوسھم ورفعاً لاقدارھم و تالفا علی دینھم (قرطبی ۴/۱۶۱)

حقیقت یہ ہے کہ وحی کے ذریعہ اگرچہ بہت سے امور میں آپ کی رہنمائی کر دی جاتی تھی مگر بعض حکمت اور مصالح کے پیش نظر چند امور کو آنحضرت صلی اللہ علیہ وسلم کی رائے اور صوابدید پر چھوڑ دیا جاتا، ان ہی مواقع میں آپ کو صحابۂ کرامؓ سے مشورہ کا حکم دیا گیا تاکہ امت میں مشورہ کی سنت جاری ہوسکے اور لوگ یہ سمجھیں کہ جب نبی اکرم صلی اللہ علیہ وسلم کو مکمل فہم وبصیرت ہونے کے باوجود مشورہ کا حکم دیا گیا تو پھر ہم اس کے زیادہ محتاج اور ضرورت مند ہیں چنانچہ آپؐ نے ارشاد فرمایا:

اما ان اللہ و رسولہ لغنیا عنھا ولکن جعلھا اللہ تعالیٰ رحمۃ لامتی (الدرالمنثور: ۴/۳۵۹) یعنی یاد رکھو! کہ اللہ اور اس کے رسول مشورہ سے بالکل مستغنی ہیں لیکن خدا تعالیٰ نے اس کو امت کے لیے رحمت کا سبب بنایا ہے۔ وانما اراد ان یعلمھم مافی المشاورۃ من الفضل ولتقتدی بہ امۃ من بعدہ "اللہ تعالیٰ نے اس حکم کے ذریعہ مسلمانوں کو مشورہ کی فضیلت کا سبق سکھانے کا ارادہ کیا ہے تاکہ آپؐ کے بعد آپ کی امت اس کی پیروی کریں" (قرطبی: ۲/۱۶۱)

حضرت ابوہریرہؓ کا بیان ہے کہ رسول اکرم صلی اللہ علیہ وسلم سے زیادہ مشورہ کرنے والا کسی کو نہیں پایا یعنی آپؐ ہر قابل غور معاملہ میں اپنے اصحاب سے مشورہ کرکے ہی کوئی فیصلہ فرماتے مثلاً بدر کی لڑائی سے فراغت ہوچکی تو آپؐ نے اسیرانِ جنگِ بدر کے بارے میں صحابہ سے مشورہ فرمایا کہ ان کو معاوضہ لے کر رہا کر دیا جائے یا قتل کر دیا جائے یا مثلاً غزوۂ اُحد کے بارے میں مشورہ کیا کہ کیا مدینہ شہر کے اندر رہ کر مدافعت کی

جائے یا شہر سے باہر نکل کر۔ عام طور سے صحابہ کرامؓ کی رائے باہر نکلنے کی ہوئی تو آپؐ نے اس کو قبول فرمایا۔ غزوۂ خندق میں ایک خاص معاہدہ پر صلح کرنے کا معاملہ در پیش آیا تو سعد بن معاذ رضی اللہ عنہ اور سعد بن عبادہ رضی اللہ عنہ نے اس معاملہ کو مناسب نہیں سمجھا، اس لیے ان دونوں نے اختلاف کیا آپؐ نے ان دونوں کی رائے قبول کر لی، حدیبیہ کے ایک معاملہ میں مشورہ لیا تو حضرت ابو بکر صدیق رضی اللہ عنہ کی رائے پر فیصلہ فرما دیا، قصۂ اِفک میں صحابۂ کرامؓ سے مشورہ لیا اسی طرح اذان کی بابت میں بھی اپنے اصحاب سے مشورہ کیا کہ نماز کی اطلاع دینے کے لیے کیا طریقہ اختیار کرنا چاہیے۔

اس طرح کی بے شمار مثالیں ہیں جن سے معلوم ہوتا ہے کہ جن امور میں اللہ تعالیٰ کی طرف سے کسی حکمت کی بناء پر کوئی خاص جانب رہنمائی نہ کی جاتی ان میں صحابۂ کرامؓ سے آپؐ مشورہ فرماتے، اس میں بڑا سبق ہے ان لوگوں کے لیے جو مشورہ کو کھیل اور لغو کام سمجھتے ہیں یا جن کو مشورہ لینے میں عار اور خفت محسوس ہوتی ہے حالانکہ مشورہ طلب کرنے میں ہی عزت اور مقام ہے مشورہ کرنے والا کبھی محروم نہیں ہوتا، اگر کامیاب ہو جائے تو اس کی مدح کی جاتی ہے اور اگر مشورہ کے بعد بھی کامیابی نہ ملی تو اسے معذور سمجھا جاتا ہے لیکن اگر مشورہ کیے بغیر کوئی کام کیا گیا اور کام نہیں بن سکا تو پھر اس کی ذلت ہی ذلت ہے ہزار لوگ اس کی طعن و تشنیع کریں گے اور مختلف باتیں اس کو سننے کے لیے اس کو تیار رہنا ہوگا۔

تخلیق آدم علیہ السلام کے موقع پر اللہ تعالیٰ نے فرشتوں سے اس کا تذکرہ کیا تھا اور ان کی رائے معلوم کی تھی جس کی تفصیل (سورہ بقرہ آیت ۳۰) کے ذیل میں دیکھی جا سکتی ہے اس سے در حقیقت فرشتوں سے مشورہ طلب کرنا مقصد نہیں تھا بلکہ انسانوں کے دل و دماغ میں مشورہ کی اہمیت پیدا کرنا مقصد تھا کہ خالق کائنات کے اس عمل کو پوری

کائنات میں طریقہ بنایا جائے مگر افسوس! کہ آج دیگر اعمال خیر کی طرح مشورہ کی سنت بھی ہماری زندگی اور معاشرہ سے رخصت ہوگئی جس کے بھیانک نتائج ہمارے سامنے ہیں ساری محنتوں مشقتوں اور کوششوں کے باوجود ناکامی ہمارے حصہ میں ہے ہر طرف انفرادی اور اجتماعی جگہوں میں خلفشار اور انتشار پایا جاتا ہے بسا اوقات ناکامی اور نقصان کے بعد مشورہ نہ کرنے پر افسوس بھی ہوتا ہے مگر اب کیا حاصل؟۔ ضرورت ہے کہ اہم اور قابل غور مسائل میں کام کے آغاز سے پہلے ہی مشورہ کو اپنا معمول بنایا جائے تاکہ محنتیں بار آور اور نتیجہ خیز ثابت ہوں یقیناً مشورہ میں اللہ اور اس کے رسول کی اطاعت بھی ہے اور ہزار دینی و دنیوی فائدے بھی، کاش! امتِ مسلمہ کی زندگی اور معاشرہ میں مشورہ کی سنت جاری ہو جائے۔

***

مشورہ- آداب واحکام

حضرت سعید بن المسیّب رضی اللہ عنہ فرماتے ہیں کہ رسول اللہ صلی اللہ علیہ وسلم نے ارشاد فرمایا: لن یہلک امرؤ بعد مشورۃ۔ "کوئی انسان مشورہ کے بعد ہلاک نہیں ہوتا۔" ایک روایت میں یہ بھی ہے کہ جو شخص کسی کام کا ارادہ کرے اور باہم مشورہ کرنے کے بعد اس کے کرنے یا نہ کرنے کا فیصلہ کرے تو اللہ تعالیٰ کی طرف سے اس کو صحیح اور مفید صورت کی طرف ہدایت مل جاتی ہے۔ (بیہقی، شعب الایمان)

ان دونوں روایتوں سے معلوم ہوتا ہے کہ انسانی زندگی میں مشورہ بہت اہمیت کا حامل ہے، کامیاب اور پرسکون زندگی گزارنے کے لیے ضروری ہے کہ مشورہ کو اپنا معمول بنایا جائے، ایسا کام جو باہمی مشورے اور رایوں کے حصول کے بعد کیا جاتا ہے، اللہ تعالیٰ کی طرف سے اس میں رحمت اور برکت کا نزول ہوتا ہے اور پیچیدہ سے پیچیدہ راہیں ہموار ہو جاتی ہیں۔ تجربہ اور مشاہدہ سے ثابت ہے کہ بہت سے نازک اور ناقابل فہم حالات میں جب مشورہ کا سہارا لیا گیا تو معاملہ بالکل سہل ہو گیا اور ایسے بہتر راستے نکل آئے جن کا ذہن میں تصور بھی نہیں تھا، اگر تنہا اپنی عقل سے اس کے حل کرنے کی کوشش کی جاتی تو شاید زمانۂ دراز تک بھی وہ گرہیں نہ کھلتیں جو راستے میں حائل تھیں اور پھر جن دوست واحباب سے مشورہ کیا جاتا ہے ان کے دل بھی خوش ہوتے ہیں، گویا آپ نے ان کو عزت کی نظر سے دیکھا اور اس قابل سمجھا کہ کسی معاملہ میں ان سے مشورہ کیا جائے، گویا وہ آپ کی نظر میں ذی رائے، صاحبِ فہم وبصیرت اور صاحبِ عقل ہیں، یقیناً

اس سے ان کے دل میں بھی آپ کے بارے میں اچھا تأثر پیدا ہو گا، آپسی خلش دور ہو گی اور محبت و ہمدردی کے جذبات پیدا ہوں گے۔ اگر مشورہ کے بعد وہ کام نتیجہ خیز نہیں بھی ہوا تو ندامت اور شرمندگی لوگوں کے سامنے نہیں ہو گی اور نہ کسی کو لعن طعن کا موقع ہاتھ آئے گا کہ اس میں صرف اسی کی عقل نہیں بلکہ مختلف اربابِ عقل کی عقلیں شامل ہیں، یہی وجہ ہے کہ متعدد نصوصِ شرعیہ میں مسلمانوں کو اپنی عقل و دانش پر اعتماد کرنے کے بجائے مشورہ کی ہدایت دی گئی ہے، صحابۂ کرامؓ، خلفائے راشدینؓ، تابعین، تبع تابعین اور آج تک ہر زمانے میں مشورہ پر لوگوں کا عمل رہا ہے، وہ لوگ جن کی عقل و فہم پر دنیا کو ناز تھا انہوں نے بھی افادیت اور اہمیت کے پیشِ نظر مشورہ کو اپنا شعار بنایا ہے، اس لیے کہ مشورہ سے جس نے بھی بے نیازی اختیار کی وہ ہلاکت اور فساد کے راستہ پر چل پڑا، پھر اس کے ساتھ اللہ تعالیٰ کی مدد ہے اور نہ اسے کامیابی کی ضمانت دی جا سکتی ہے۔

مشورہ کے امور: لیکن اب سوال یہ ہے کہ مشورہ کہاں اور کن کن چیزوں میں کیا جائے، اس سلسلہ میں یاد رکھنا چاہیے کہ جن امور میں شریعت کا فیصلہ متعین ہے کہ یہ چیز فرض ہے یا واجب ہے یا یہ حرام اور یہ مکروہ ہے، ان امور میں مشورہ کی ضرورت نہیں بلکہ جائز بھی نہیں ہے، جیسے کوئی شخص یہ مشورہ کرے کہ نماز پڑھے یا نہیں، زکوٰۃ دے یا نہیں، حج کرے یا نہیں، یہ چیزیں مشورہ کی نہیں ہیں، ان کے لیے تو اللہ تعالیٰ کی طرف سے حکم متعین ہے کہ ان کا کرنا ہر حال میں ضروری ہے یا اسی طرح جن چیزوں کو شریعت نے منع کیا ہے جیسے زناکاری، شراب نوشی، ڈاکہ زنی وغیرہ ان میں بھی مشورہ کی حاجت نہیں، ان سے تو بہر حال رکنا لازمی ہے، ہاں البتہ طریق کار کے بارے میں مشورہ کیا جا سکتا ہے، جیسے حج میں جانے کے لیے مختلف راستے ہیں، بعض پُر امن ہیں اور بعض میں خطرہ ہے، تو اس موقع پر تجربہ کار افراد کی رائے معلوم کی جا سکتی ہے کہ ان مختلف

راستوں میں اس کے لیے کون سا راستہ بہتر ہو گا، یا اسی طرح ایک شخص مریض ہے اس کو تردد ہے کہ مجھ کو اس حالت میں تیمم کی اجازت ہے یا نہیں، اس بارے میں اطباء یا تجربہ کاروں سے مشورہ کر سکتا ہے، اسی طرح وہ احکام و مسائل جن کے بارے میں قرآن و حدیث، اقوالِ صحابہؓ یا سلف کی کتابوں میں کوئی صراحت نہیں ہے، جدید اور نئے زمانہ سے ان کا تعلق ہے، ان میں مشورہ کرنا نہ صرف جائز بلکہ اربابِ فقہ اور صاحبِ نظر علمائے دین سے ان کے بارے میں پوچھنا اور حکمِ شرعی معلوم کرنا واجب ہے۔ حضرت علی رضی اللہ عنہ کا بیان ہے کہ میں نے رسولِ اکرم صلی اللہ علیہ وسلم سے عرض کیا کہ آپ کے بعد اگر ہمیں کوئی ایسا معاملہ پیش آجائے جس کا حکم صراحتاً قرآن میں نازل نہیں ہوا اور آپ سے بھی اس کے متعلق کوئی ارشاد ہم نے نہ سنا ہو تو ہم کیا کریں؟ آنحضرت صلی اللہ علیہ وسلم نے ارشاد فرمایا کہ ایسے کام کے لیے اپنے لوگوں میں سے عبادت گذار فقہاء کو جمع کرو اور ان کے مشورہ سے اس کا فیصلہ کرو، کسی کی تنہا رائے سے فیصلہ نہ کرو۔ (معارف القرآن: ۲/ ۲۲۰)

دینی امور کے علاوہ معاشی، معاشرتی، سماجی، انفرادی اور اجتماعی زندگی میں پیش آنے والے معاملات میں بھی مشورہ کو اپنانا چاہیے، جہاں شریعت، عقل و عادت کے اعتبار سے کوئی جانب متعین ہو اور نہ ہی اس کا نافع ہونا یقینی ہو، امورِ طبعیہ جیسے بھوک اور پیاس کے وقت روٹی کھانا یا پانی پینا، اس میں مشورہ کرنے اور کسی سے پوچھنے کی ضرورت نہیں ہے کہ مجھے بھوک لگی ہے کھانا کھانا چاہیے یا نہیں۔ عام حالات میں یہ سوال حماقت ہے، ہاں بیماری کے وقت یا اس کے ذرائع اور طرق یا مختلف اغذیہ اور اشربہ میں سے کسی ایک کو اختیار کرنے میں اگر کسی کے اندر خطرہ کا احتمال ہو تو مشورہ کرنا مستحسن یا ضروری ہو گا۔ یہاں اس پہلو پر بھی نظر رہے کہ اللہ تعالیٰ نے مشورہ کی ترغیب اور ہدایت تو دی ہے مگر

اپنی رحمتِ عامہ کی بناء پر چند مخصوص جگہوں کے علاوہ انسان کو مقید نہیں کیا کہ کوئی معاملہ بلا مشورہ کر ہی نہ سکے، بسا اوقات اہم معاملات پیش آتے ہیں اور ایک تجربہ کار انسان کو اس کے انتظام و انصرام اور حل کا طریقہ معلوم ہوتا ہے اور یہ بھی جانتا ہے کہ کسی صاحبِ عقل و دانش سے مشورہ کرے گا تو اس کے سوا اور کوئی دوسرا راستہ نہیں بتلا سکتا، اس حالت میں اگر وہ بلا مشورہ کام کر بیٹھے تو کوئی حرج نہیں ہے، اسی طرح معاملات کی نوعیت اور منافع و خطرات کی عظمت و وقعت اور قوت و ضعف کے اعتبار سے مشورہ کے حکمِ استحسان میں فرق ہو جائے گا، بعض مواقع میں مشورہ نہایت اہم اور ضروری ہو گا اور بعض جگہ درجۂ استحسان میں رہے گا۔ بہر حال وہ امور جن میں کوئی جانب شرعاً، عقلاً، عرفاً، عادتاً معین نہیں اور جن کے مختلف جوانب میں خطرات و منافع کا احتمال ہے، یعنی نتائج مبہم اور مخفی ہوں، ان میں مشورہ کو اپنا معمول بنانا چاہیے۔ اس میں اتباعِ سنت کے علاوہ ہزار فوائد ہیں، اہل علم اور مشورہ کے پابند حضرات اس سے اچھی طرح واقف ہیں۔

مشورہ کن سے کیا جائے؟: مشورہ ہمیشہ ایسے شخص سے کرنا چاہیے جس کو متعلقہ معاملے میں پوری بصیرت اور تجربہ حاصل ہو، چنانچہ دینی معاملات میں ماہر اور صاحبِ نظر عالمِ دین سے مشورہ کرنا چاہیے اور کسی بیماری اور جسمانی صحت کے بارے میں کسی اچھے ڈاکٹر کا انتخاب ہی مفید ہو گا۔ غرض جس طرح کا معاملہ ہے، اسی فن کے ماہرین اور تجربہ کار کا انتخاب کیا جائے، کیوں کہ تجربہ کے بغیر صرف عقل کامیابی سے ہمکنار نہیں کر سکتی، گویا مشورہ لینے کے لیے عقل اور تجربہ دونوں کا بیک وقت موجود ہونا نہایت ضروری ہے۔ ایک دوسرے کے بغیر صحیح رہنمائی نہیں مل سکتی۔ رسول اکرم صلی اللہ علیہ وسلم نے ایک موقع پر ارشاد فرمایا: استشیر وا ذوی العقول ترشدوا و لا تعصوہم فتندموا۔ (مسندِ شہاب: ٦٧٣) "عقلمندوں سے مشورہ کرو، کامیابی پالو گے اور ان کی مخالفت نہ کرو

ورنہ شرمندگی پاؤگے۔" حضرت عبداللہ بن الحسن نے اپنے صاحبزادہ محمد بن عبداللہ کو نصیحت کرتے ہوئے فرمایا تھا: "جاہل کے مشورہ سے بچو اگرچہ کہ وہ خیر خواہ ہو جیسا کہ عقلمند کی دشمنی سے بچتے ہو۔" (المدخل: ۴/ ۲۹)

کسی میں اگر عقل اور تجربہ نہیں ہے تو وہ مشورہ کا اہل بھی نہیں ہے، اگر اس سے مشورہ کیا جائے تو پہلے وہ مشورہ ہی کیا دے گا اور اگر مشورہ دے گا بھی تو اس مشورے سے کیا فائدہ، اس لیے مشورہ کے لیے عقلمند، ماہر اور تجربہ کار ہونے کی شرط لگائی گئی ہے۔ اسلام کی شورائیت اور موجودہ جمہوریت میں یہی بڑا فرق ہے کہ شورائیت کا تعلق اہلیت سے ہے اور جمہوریت کا اکثریت سے، جس پارٹی کو اکثر لوگوں نے منتخب کر لیا وہی حکمرانی کا حق دار ہے، چاہے ووٹ دینے والے پاگل اور دیوانہ ہی کیوں نہ ہوں، یہی وجہ ہے کہ جمہوری نظام ایک تباہ کن نظام ہے، عقل و خرد سے اس نظام کا کوئی واسطہ نہیں ہے، اسلام نے اپنا نظام شورائیت پر رکھا ہے، یعنی ماہرین، تجربہ کار اور عقلمندوں کے مشورے سے کوئی فیصلہ صادر کیا جاتا ہے، یہی وجہ ہے کہ رسولِ اکرم صلی اللہ علیہ وسلم، حضراتِ شیخین، صدیق اکبرؓ اور فاروقِ اعظمؓ کی رائے کو جمہور صحابہؓ پر فوقیت دیتے اور آپؐ ان دونوں حضرات سے مخاطب ہو کر فرماتے: لو اجتمعتما فی مشورۃ ما خالفتکما۔ "جب تم دونوں کسی رائے پر متفق ہو جاؤ تو میں تم دونوں کے خلاف نہیں کرتا۔" (مسندِ احمد) معلوم ہوا کہ محض کثرت کا شریعتِ اسلامی میں کوئی اعتبار نہیں، قوتِ عقل و بصیرت اہم چیز ہے۔

اسی طرح مشورہ کے لیے ایسے شخص کا انتخاب کیا جائے جو متقی اور دیندار ہو، جس میں اللہ تعالیٰ کا خوف اور عند اللہ جواب دہی کا احساس نہ ہو، اس کے مشورہ پر اعتماد نہیں کیا جا سکتا، پتہ نہیں اس نے صحیح مشورہ دیا ہے یا نہیں، ممکن ہے کہ اس کے نزدیک دوسری رائے بہتر ہو اور محض نقصان پہنچانے کے لیے اس کو یہ رائے دی ہو تاکہ مشورہ

کرنے والے کو نقصان اور پریشانی میں دیکھ کر ہنسنے اور مذاق کا موقع مل سکے۔ کبھی ایسا بھی ہوتا ہے کہ پرانے زمانے کا کوئی بغض دل میں چھپا ہوتا ہے اور وہ موقع کی تاک میں رہتا ہے، غلط مشورہ دے کر نقصان پہنچانے میں وہی بدلے کا جذبہ کار فرما ہوتا ہے، لیکن جب آدمی میں اللہ تعالیٰ کا خوف ہوگا تو اس طرح کے احتمالات اور امکان سے دل مطمئن ہوگا، اسی لیے اہل علم نے لکھا ہے کہ مشورہ دینے والے کو دیکھنا چاہیے کہ اس میں ہمدردی اور اخوت کا جذبہ ہے یا نہیں، اگر ہمدردی کا داعیہ نہیں بالخصوص مشورہ لینے والے کے حق میں مشیر کا دل حسد و کینہ اور بدخواہی سے پُر ہو تو اس سے مشورہ ہرگز نہیں لینا چاہیے، اس کا مشورہ سمِ قاتل سے کم نہیں ہوگا۔

مشورہ لینے کے لیے یہ بھی دیکھنا چاہیے کہ مشیر فکر و نظر کے اعتبار سے صالح ہے یا نہیں، جذباتی انسان کا مشورہ معتبر نہیں ہو سکتا ہے، اس لیے کہ ایسے شخص کا مشورہ اس امکان سے خالی نہیں کہ غیظ و غضب میں مبتلا ہو کر یا جذبات کے رَو میں بہہ کر اس نے یہ رائے دی ہو، اسی طرح جس کا قلب ایسے ہجوم و افکار سے خالی نہ ہو جن کی وجہ سے دماغ پریشان اور قلب مشغول ہو جاتا ہے، ان سے بھی مشورہ طلب نہیں کرنا چاہیے، اس لیے کہ وہ اس پوزیشن میں ہے کہ اپنی پوری عقل لڑا کر اس کی تمام جہتوں پر غور کر سکتا ہے اور نہ ہی مستشیر کی رہبری کر سکتا ہے۔

جس کا مفاد وابستہ ہو اس سے بھی مشورہ نہ کیا جائے جیسے کسی دکاندار سے کسی چیز کے خریدنے کے بارے میں اگر پوچھا جائے گا تو وہ اس کی بہت ساری خوبیاں بیان کر دے گا، کیوں کہ وہ جانتا ہے کہ اس سامان کے فروخت ہونے میں اس کے منافع پوشیدہ ہیں، اس لیے اس سامان کے کمزور پہلوؤں کو وہ پردۂ راز میں رکھتا ہے۔ مشورہ لینے والے کو چاہیے کہ سوچ سمجھ کر مشیر کا انتخاب کرے، ورنہ مشورہ فائدہ کے بجائے نقصان پہنچا

سکتا ہے۔

مشیر کے فرائض :(ا) جس معاملہ میں اس سے مشورہ لیا جارہا ہے، اگر اس میں مکمل بصیرت ہو تو مشورہ دے، ورنہ صاف کہہ دے کہ مجھے اس بارے میں کوئی جانکاری نہیں ہے، اس لیے میں مشورہ کا اہل نہیں ہوں، یہ کوئی ہتک اور بے عزتی کی بات نہیں بلکہ اس کے اخلاص اور جذبۂ ہمدردی کی بنیاد پر اجر و ثواب کا مستحق ہو گا، مشورہ لینے والے کا بھی اعتماد بڑھ جائے گا اور اسے یقین ہو جائے گا کہ یہ میرے حق میں مخلص ہے، آج کل لوگوں کا یہ مزاج ہے کہ کچھ آئے یا نہ آئے مشورہ لیتے وقت ضرور کچھ نہ کچھ جواب اور مشورہ دے دیتے ہیں، یہ دیانت کے خلاف ہے۔

(۲) غور و فکر کے بعد مشیر کا ذہن جس طرف مائل ہو رہا ہے، کسی رعایت کے بغیر صاف طور پر اس کا اظہار کر دے، یعنی مشیر کا ایک اہم فریضہ یہ بھی ہے کہ اسے اپنے بھائی کا حق سمجھتے ہوئے صحیح مشورہ دے، رسول اکرم انے جان بوجھ کر کسی کے معاملہ کو بگاڑنے کے لیے یا کسی کا نقصان کرانے کے لیے مشورہ دینے کو خیانت اور گناہ قرار دیا ہے ارشاد ہے: "من استشار اخاہ فاشارہ علیہ بامرہ وھو یری الرشد غیر ذلک فقد خانہ "(مسند احمد) "جس نے اپنے بھائی سے مشورہ کیا اور اس نے اسے کوئی ایسا مشورہ دیا جس کے علاوہ میں وہ کامیابی سمجھتا ہو تو اس نے اس کے ساتھ خیانت کی۔ "مشورہ دینے میں اس بات کی ہر گز پرواہ نہ کرے کہ اگر میں اس کو یہ مشورہ دوں گا تو شاید اس کا دل ٹوٹ جائے گا، یہ مجھ سے ناراض اور رنجیدہ ہو جائے گا۔ کیوں کہ مشورہ طلب کرنے کے بعد اس کی گنجائش نہیں رہتی کہ خوش کرنے کے لیے غلط اور خلاف حقیقت رائے دی جائے، کسی انسان کی نہیں بلکہ اللہ کی رضامندی اور ناراضگی کا خیال رکھے اور جو مشورہ ذہن میں آئے دو ٹوک انداز میں بیان کر دے۔ اس کے ذیل میں علماء اور اہل فقہ نے اس بات کی بھی صراحت

کی ہے کہ صحیح مشورہ دینے میں اگر کسی کی غیبت بھی ہو رہی ہو تو بھی صحیح بات بتائے، شرعاً ان مواقع میں غیبت معاف ہے۔ مثلاً رشتہ کے لیے کسی لڑکی یا لڑکے کے بارے میں سوال کیا جائے، اگر اس میں کوئی عیب ہے اور آپ کو معلوم ہے تو ضرور اس سے مشورہ لینے والے کو مطلع کر دینا چاہیے اور اس موقع پر اظہار عیب معاف ہے کیوں کہ یہاں کسی کی زندگی کے بننے اور بگڑنے کا مسئلہ ہے۔

(۳) مشورہ دینے والے کی ذمہ داری ہے کہ جس معاملہ میں مشورہ لیا گیا ہے، اس کو راز میں رکھے، لوگوں کے سامنے اس کو ظاہر نہ کرے، جیسے کسی نے اپنی بیوی کے کسی معاملہ کے بارے میں مشورہ کیا یا لڑکی اور لڑکے کے رشتہ یا کسی اور معاملہ میں رائے معلوم کی تو گویا یہ مشیر اور مستشیر کے درمیان ایک راز کی بات ہو گی، ہو سکتا ہے کہ مشورہ لینے والا چاہتا ہو کہ اس کی یہ باتیں مشیر کے علاوہ دوسروں تک نہ پہنچے، دوسروں کے سامنے بیان کرنے سے یقیناً اس کو تکلیف پہنچے گی اور یہ خیانت کا معاملہ ہو گا، رسول اکرم انے ارشاد فرمایا "المستشار مؤتمن "(ترمذی) یعنی جس شخص سے مشورہ کیا جاتا ہے وہ امانت دار ہوتا ہے، اسے امانت داری کا پورا حق ادا کرنا چاہیے۔ آج کل دیگر خرابیوں کے ساتھ ایک خرابی یہ بھی ہے کہ کسی کے راز کو راز نہیں سمجھا جاتا، کسی کے بارے میں کوئی چیز معلوم ہوتی ہے تو فوراً اسے عام کرنے کی فکر ہو جاتی ہے اور پھر اس کے نتیجے میں جھگڑے، فسادات دشمنیاں اور ناچاقیاں پھیلتی ہیں، ضرورت ہے کہ دلوں میں اللہ کا خوف پیدا کیا جائے اور اتحاد و یگانگت کا ماحول بنایا جائے۔

(۴) مشیر کا کام ہے صرف مشورہ دینا، اصرار یا رائے تھوپنے کا مزاج درست نہیں ہے مشورہ لینے والے کا مقصد ہوتا ہے کہ مختلف جہتوں سے معاملہ کو پہچانا اور جانا جائے پھر غور و فکر کے بعد کسی ایک پہلو کو اختیار کیا جائے، ظاہر ہے کہ مشورہ طلب کرنے والا

مشورہ میں شریک تمام افراد کی رایوں اور خیالات پر عمل نہیں کر سکتا، وہ صرف اپنے ذاتی حالات کے اعتبار سے صرف کسی ایک کی رائے کو پسند کر سکتا ہے، اس لیے اگر کسی کے مشورہ پر عمل نہ کیا جائے تو اس سے دل گیر اور رنجیدہ نہیں ہونا چاہیے، خوش دلی اور خندہ پیشانی سے مشورہ کرنے والے کے فیصلہ پر رضامندی کا اظہار کیا جائے، حضرت بریرہؓ کا نکاح حضرت مغیثؓ سے ہوا تھا، حضرت بریرہؓ پہلے باندی تھیں، جب وہ آزاد کی گئیں تو رسول اکرم انے شریعت کا حکم سنایا کہ تمہیں اختیار ہے چاہو تو اپنے شوہر کے نکام میں رہو اور چاہو تو علاحدگی اختیار کر لو، حضرت بریرہؓ شوہر سے خوش نہیں تھیں، اس لیے انہوں نے علاحدگی کا ارادہ کر لیا، ان کے شوہر حضرت مغیثؓ کو ان سے کافی محبت تھی، وہ چاہتے تھے کہ بریرہؓ علاحدگی اختیار نہ کریں، حضرت مغیثؓ نے بہت کوشش کی مگر وہ تیار نہ ہوئیں، بالآخر نبی کریم اسے حضرت مغیثؓ نے سفارش کرایا، حضرت بریرہؓ نے سوال کیا یارسول اللہ! یہ آپ کا مشورہ ہے یا حکم ہے؟ اگر حکم ہے تو سرتابی کی مجھے جرات نہیں ہے، آپ انے فرمایا کہ یہ حکم نہیں مشورہ ہے، حضرت بریرہؓ نے عرض کیا پھر تو میں آزاد ہوں کہ اس مشورہ کو قبول کروں یا نہ کروں، میری زندگی ان کے ساتھ گذرنی مشکل ہے اس لیے میں ان سے علاحدگی اختیار کرتی ہوں آپ نے فرمایا: ٹھیک ہے۔ (مشکوۃ:۲۷۶)

حضور صلی اللہ علیہ وسلم سے زیادہ صائب الرائے کون ہو سکتا ہے لیکن چوں کہ مشورہ تھا اس لیے حضرت بریرہؓ کے نہ ماننے پر آپؐ نے کسی طرح ناراضگی ظاہر نہیں کی موجودہ دور کے لیے یہ حدیث بڑا سبق آموز ہے، ذاتی رائے کو عام لوگوں پر مسلط کرنے کا مزاج عام ہو گیا ہے جس کے سبب بدنظمی اور بدعنوانی کا ہر طرف ایک سیلاب ہے۔ اپنی رائے کو محض ایک معمولی رائے سمجھنا چاہیے نہ کہ قولی فیصلہ تا کہ مشورہ کا حقیقی فائدہ حاصل ہو سکے۔

مشورہ میں عمر کی قید نہیں: ہر وہ شخص جس میں مشورہ کی اہلیت پائی جاتی ہو، یعنی عقلمند تجربہ کار اور متقی وغیرہ ہو تو اس سے مشورہ لیا جاسکتا ہے خواہ عمر کم ہو یا زیادہ، مشورہ کے لیے عمر، کی کوئی قید نہیں ہے، سیدنا حضرت عمر بن الخطابؓ بعض وقت دلائل کے لحاظ سے اگر حضرت عبد اللہ بن عباسؓ کی رائے زیادہ مضبوط ہوتی تھی تو ان کی رائے پر فیصلہ نافذ فرماتے تھے، حالانکہ مجلس میں اکثر ایسے صحابہ موجود ہوتے تھے جو حضرت عبد اللہ بن عباسؓ سے عمر علم اور تعداد میں زیادہ ہوتے تھے، معلوم ہوا کہ چھوٹوں سے مشورہ لینے میں کوئی حرج نہیں ہے، یہاں یہ بات بھی واضح ہو گئی کہ اگر مشورہ کی اہلیت رکھنے والے ضابطے کے بڑے موجود نہ ہوں تو اپنے اہل وعیال جن پر اعتماد ہو ان سے کم سے کم مشورہ ضرور کر لینا چاہیے، انشاء اللہ تعالیٰ غیب سے مشورہ کی برکت سے ضرور کوئی راستہ نکالے گا، صلح حدیبیہ کے موقع پر جب کہ مسلمان عمرہ کرنے سے روک لیے گئے تھے، حضور اکرمؐ نے صحابۂ کرامؓ سے وہیں مقام حدیبیہ پر احرام کھولنے کا حکم دیا، مگر صحابۂ کرامؓ پس و پیش کر رہے تھے، آپ نے امّ المومنین حضرت امّ سلمہؓ سے مشورہ کیا، انہوں نے فرمایا: یارسول اللہ! یہ حضراتِ صحابہؓ جذبات اور جوش کے عالم میں مغلوب ہیں، اس لیے ان کے طرزِ عمل کا کچھ خیال نہ کیجیے اور آپ خود پہلے اپنا احرام کھول لیجیے، یہ مشورہ کامیاب ہوا، صحابۂ کرامؓ نے آپؐ کی اتباع میں احرام کھول دیا۔ حضرت امّ سلمہؓ آپؐ سے عمر میں چھوٹی اور بیوی تھیں پھر بھی ضرورت پڑنے پر آپؐ نے ان سے مشورہ کیا۔

اگر مشورہ میں اختلاف ہو جائے: کچھ لوگ اپنی عقل و دانش اور تجربہ و فن کے اعتبار سے ایک کام کو بہتر سمجھتے ہوں اور مشورہ میں شریک دوسرے افراد اس کو بہتر نہیں سمجھتے ہوں یا اس طرح کا اور کوئی اختلاف ہو جائے تو وہاں دیکھنا چاہیے کہ کون سی رائے

قرآن و سنت کے مطابق یا قریب تر ہے اس پر عمل کر لیا جائے، اقلیت یا اکثریت کا شریعت میں کوئی اعتبار نہیں، افراد کی کمی اور زیادتی پر نظر نہ رکھی جائے، علامہ قرطبی لکھتے ہیں۔ "والشوریٰ مبنیۃ علی اختلاف الآراء والمستشیر ینظر فی ذالک الخلاف وینظر اقربھا قولا اِلٰی الکتاب والسنّۃ ان امکنہ فاذا ارشدہ اللّٰہ تعالٰی اِلٰی ماشاء منہ عزم علیہ۔" (قرطبی: ۱۶۲/۴)

مانگے بغیر مشورہ دینا: مشورہ طلب کیے بغیر از خود مشورہ دینا بہتر نہیں ہے، طرفہ کہتا ہے: نااہل کے لیے اپنی ہمدردی خرچ مت کر جو شخص تیری رائے سے استغناء کرے تو اس سے بے پرواہ ہو جاؤ۔ (اسلام میں مشورہ کی اہمیت صفحہ ۱۰۷) البتہ اگر مشیر یہ سمجھے کہ کوئی شخص غلط راہ پر چلنے سے ہلاکت میں پڑ سکتا ہے اور اس کو یقین ہے کہ اگر میں نے سکوت کیا تو وہ تباہ و برباد ہو جائے گا تو اس وقت از خود بڑھ کر اظہار رائے کرنا اور صحیح راستہ بتانا ضروری ہو جاتا ہے، جیسے ولایت و حکومت کی خواہش ممنوع ہے، مگر سیدنا حضرت یوسف علیہ السلام نے مصر کی حکومت طلب کی تھی اس لیے کہ وہاں اصلاح اسی طریق سے ممکن تھی۔

اللہ پر توکل: اللہ تعالیٰ نے مشورہ کا حکم دیا، ساتھ ہی یہ بھی فرمایا گیا کہ مشورہ کے بعد جس پہلو کو بھی اختیار کیا جائے اس کے بارے میں اللہ پر توکل اور اعتماد رکھنا چاہیے، کیوں کہ مشورہ کا تعلق تدبیر سے ہے اور تقدیر تدبیر پر ہمیشہ غالب آتی ہے، اصحابِ عقل اور ارباب نظر و ماہرین فن کی رائے کا یہ مطلب نہیں ہے کہ وہ درست اور مثمر و منتج بھی ہو، سب چیزیں اللہ تعالیٰ کے قبضۂ قدرت میں ہیں، اس لیے ایک مسلمان کا کام ہے کہ مشورہ لینے کے بعد اس پر عمل کرتے ہوئے اللہ تعالیٰ کی قدرت پر یقین اور اعتماد رکھے۔

* * *

نام رکھنے سے متعلق چند شرعی ہدایات

یہ اسلام کی خصوصیت ہے کہ اس نے زندگی کے ہر پہلو کو روشن کیا ہے۔ ولادت سے موت تک کوئی گوشہ ایسا نہیں جس میں شریعت کی کامیاب رہنمائی حاصل نہ ہو، نہ صرف عبادت، ذکر و اذکار بلکہ معاشرت اور طریقۂ زندگی کا ایک ایک اصول بتایا گیا ہے، پیشاب پاخانہ، سونا جاگنا، اٹھنا بیٹھنا، چلنا پھرنا اور زندگی میں پیش آنے والی معمولی سے معمولی چیز کے بارے میں اسلام نے واضح ہدایات دیں، جن پر عمل کرنے کو مسلمان کا شعار قرار دیا گیا، دشمنانِ اسلام کو رسول اکرم صلی اللہ علیہ وسلم کے یہ ارشادات اور سنتیں عجوبہ معلوم ہوئیں، اس لیے بعض نے حضرت سلمان فارسیؓ سے طنزیہ لہجہ میں کہا قد علمکم نبیکم کل شيئٍ حتی الخراءۃ۔ "تم لوگوں کو تمہارے پیغمبر تمام چیزیں سکھاتے ہیں، یہاں تک کہ پیشاب اور پاخانہ بھی" حضرت سلمان فارسیؓ نے جذبات میں آئے بغیر سنجیدگی سے جواب دیا اور رسول اکرم صلی اللہ علیہ وسلم کے ارشاد کے مطابق استنجاء کے چند اصول بیان کیے۔ (تفصیل کے لیے دیکھئے ترمذی: ۱/۱۰)

ان دشمنوں کو کیا معلوم کہ اسلام کے بتائے گئے ان معمولی احکام میں بھی اجر و ثواب کے علاوہ ہزار طبی فوائد ہیں اور تہذیب و تمدن کا اعلی معیار بھی، بعد کے زمانہ میں سائنسی تحقیقات نے جن کی تائید کی اور بہت سے غیر مسلم نے ایمان قبول نہ کرنے کے باوجود دنیوی مفاد کے لیے ان کو اختیار کیا اور ان پر عمل کرنے میں ہی عافیت محسوس کی، غرض اسلام ایک ہمہ گیر اور لازوال مذہب ہے، مذاہب عالم میں اس کی کوئی مثال نہیں،

اس کے بتائے ہوئے طریقے میں عزت ہے اور سکون بھی۔

انسان جس سطح کا بھی ہو وہ چاہے تو اسلام کے دیئے گئے خطوط پر عمل کر کے مہذب اور کامیاب زندگی بسر کر سکتا ہے کہ اس میں ناکامی کا کوئی سوال ہی نہیں ان ہی اصولِ زندگی میں ایک اہم اصول یہ بتایا گیا ہے کہ جب بچہ پیدا ہو تو پہلے اس کے دائیں کان میں اذان اور بائیں میں اقامت کہی جائے، پھر ساتویں دن عقیقہ کیا جائے اور لڑکا ہو یا لڑکی اس کا بہتر نام منتخب کیا جائے جس میں معنوی طور پر خوبی اور اچھائی ہو، اس لیے کہ اچھے اور برے نام کا زندگی پر بڑا اثر پڑتا ہے، ڈیڑھ ہزار کتاب کے مصنف حکیم الامت حضرت مولانا اشرف علی تھانویؒ نے ناموں کے اثر انداز ہونے سے متعلق ایک موقع پر فرمایا: امام اعظمؒ کے پڑوس میں ایک شخص نے دو خچروں کا نام ابو بکر اور عمر رکھا تھا۔ ایک روز ایک خچر نے لات مار کر اس شخص کا پیٹ پھاڑ دیا، جب امام صاحب کو خبر ہوئی تو فرمایا کہ یہ وہ خچر ہو گا جس کا نام اس نے عمر رکھا تھا، اس نام کا یہی اثر ہونا چاہیے، بعد میں اس کی تصدیق ہو گئی۔ حضرت (مولانا تھانویؒ) نے فرمایا کہ الفاظ اور ناموں میں بھی اللہ نے تاثیر رکھی ہے، ایک لڑکے کا نام والدین نے کلیم اللہ رکھا وہ اکثر بیمار رہتا تھا، میں نے اس کا نام بدل کر سلیم اللہ رکھ دیا اس وقت سے تندرست رہنے لگا کیوں کہ کلیم کے معنی معروف مجروح اور زخمی کے ہیں۔" (مجالس حکیم الامت: ۱۶۵)

اس طرح کی ایک دو مثال نہیں بلکہ سیکڑوں مثالیں ہیں کہ غلط نام رکھنے کے سبب زندگی پر برے اثرات مرتب ہوئے اور جب ان کا نام بدل دیا گیا تو نجات حاصل ہوئی اسی کے ساتھ اچھے نام کے انتخاب کی ایک اہم وجہ یہ بھی ہے کہ قیامت کے دن بر سر عام لوگوں کو ان کے اور ان کے باپ کے نام سے پکارا جائے گا (ایک روایت میں ماں کے نام سے بھی پکارے جانے کا تذکرہ ہے) ظاہر ہے کہ اگر نام اچھا نہ ہو تو عام محفل میں بڑی

شرمندگی اٹھانی پڑے گی اس لیے رسول اکرم صلی اللہ علیہ وسلم نے تمام والدین کو تاکید کی ہے کہ اپنی اولاد کے لیے بہتر نام کا انتخاب کریں، چنانچہ حضرت ابو درداءؓ سے روایت ہے کہ رسول اللہ صلی اللہ علیہ وسلم نے ارشاد فرمایا: "تدعون یوم القیامۃ باسمائکم واسماء آبائکم فاحسنوا اسمائکم" (مسند احمد) "قیامت کے دن تم اپنے اور اپنے آباء کے ناموں کے ساتھ پکارے جاؤ گے لہٰذا تم اچھے نام رکھا کرو"۔ احادیث میں سب سے اچھا اور بہتر ایسے نام کو تایا گیا ہے جس کے شروع میں "عبد" (بندہ) کا لفظ لگا ہوا ہو، کیوں کہ اس میں اپنی عبدیت بے چارگی اور عجز کا اعلان ہوتا ہے اور یہ اللہ کو بہت پسند ہے جیسے عبد اللہ (اللہ کا بندہ) عبد الرحمن (رحمن کا بندہ) وغیرہ۔ عبد کے لفظ کے ساتھ اگرچہ تمام نام پسندیدہ ہیں مگر مذکورہ دونوں نام زیادہ پسند ہیں، اس لیے کہ عبد اللہ میں لفظ اللہ خدا کا ذاتی نام ہے اور عبد الرحمن میں رحمن اگرچہ ذاتی نام نہیں لیکن مشہور ہونے کی بنیاد پر ذاتی نام کے درجہ میں ہے، بہر حال یہ یا دوسرے کسی بھی صفاتی نام کے ساتھ "عبد" کا لفظ بڑھا کر اگر نام رکھا جائے تو بہتر اور پسندیدہ ہے، اسی طرح انبیائے کرام کے نام پر بھی نام رکھنا پسندیدہ اور لائق تحسین ہے، اس میں انبیاء کرام سے محبت اور تعلق کا اظہار ہے تاہم ناموں کا انحصار اس پر نہیں ہے کہ اس کے شروع میں لفظ "عبد" یا انبیاء کا نام ہو بلکہ اس بارے میں یہ اصول یاد رکھنا چاہیے کہ ہر وہ نام جس میں معنوی لحاظ سے کچھ نہ کچھ خوبی ہو، اس کا بہتر معنی و مفہوم نکلتا ہو اس کو اولاد کے لیے منتخب کیا جا سکتا ہے، وہ اچھے نام کے دائرے میں شامل ہو گا۔ مشہور صاحبِ نظر عالم دین مولانا منظور نعمانیؒ ایک حدیث کی تشریح کرتے ہوئے فرماتے ہیں:

"عبد اللہ اور عبد الرحمن کے زیادہ پسندیدہ ہونے کی وجہ ظاہر ہے، اس میں بندے کی عبدیت کا اعلان ہے اور یہ چیز اللہ کو پسند ہے، اسی طرح انبیاء علیہم السلام کے نام بھی

پسندیدہ ناموں میں سے ہیں، وہ انبیاء علیہم السلام کے ساتھ نسبت کو ظاہر کرتے ہیں، چنانچہ خود رسول اللہ صلی اللہ علیہ وسلم نے اپنے صاحبزادے کا نام ابراہیم رکھا تھا اور سنن ابی داؤد وغیرہ میں آپ صلی اللہ علیہ وسلم کا یہ ارشاد بھی مروی ہے سموا باسماء الانبیاء (یعنی پیغمبروں کے ناموں پہ نام رکھو) اس کے علاوہ رسول اللہ صلی اللہ علیہ وسلم نے بعض بچوں کے نام ایسے بھی رکھے جو معنوی لحاظ سے اچھے ہیں اگرچہ وہ پیغمبروں کے معروف ناموں میں سے نہیں ہیں، مثلاً اپنے نواسوں کا نام حسن اور حسین رکھا اور ایک انصاری صحابی کے بچے کا نام منذر رکھا۔

الغرض اس باب میں رسول اللہ صلی اللہ علیہ وسلم کے طرز عمل اور آپ صلی اللہ علیہ وسلم کے ارشادات سے یہی رہنمائی ملتی ہے کہ باپ کی ذمہ داری ہے کہ بچے کا اچھا نام رکھے یا اپنے کسی بزرگ سے رکھوائے" (معارف الحدیث:۶/ ۳۱)

برے نام سے حد درجہ احتیاط کرنا چاہیے کہ ان میں بھلائی کے بجائے برائی، نقصاندہ اور غلط امور کی طرف ذہن منتقل ہوتا ہے اور روزمرہ کی زندگی میں ان کے غلط اثرات مرتب ہوتے ہیں جیسے کسی لڑکے کا نام عاص یا لڑکی نام عاصیہ رکھنا درست نہیں ہے، کیوں کہ یہ نام لفظی مفہوم کے اعتبار سے عصیان و سرکشی عدم اطاعت اور نافرمانی پر دلالت کرتے ہیں، بظاہر اس کا مطلب یہ ہوگا کہ یہ لڑکا یا یہ لڑکی اللہ کا نافرمان ہے جب کہ مؤمن کی خصوصیت اطاعت و فرماں برداری ہے، وہ اپنے آپ کو مکمل اللہ کے سپرد کر دیتا ہے، اس لیے کسی مؤمن کے لیے ایسے نام کا انتخاب درست نہیں جس میں نافرمانی کے معنی پایا جائے خواہ نیت کچھ بھی ہو۔ اسی طرح کسی کا نام شیطان یا اس کے ہم مثل کوئی نام رکھنا بھی درست نہیں، اس لیے کہ اس طرح کے نام سے نہ صرف شیطان کے ساتھ مشابہت اختیار کرنا ہے جو تمام برائیوں کی جڑ ہے بلکہ اس کے لفظی مفہوم کے اعتبار سے

بھی نہایت غیر موزوں ہے، کیوں کہ لفظ شیطان یا تو "شیط" سے نکلا ہے جس کے معنی ہیں جل جانا، ہلاک ہو جانا یا شیطن سے نکلا ہے جس کے معنی ہیں خدا کی رحمت سے دور ہونا، اس لیے یہ لفظ یا اس جیسا دوسرا لفظ جس کے مفہوم میں یکسانیت ہو، نام رکھنا غلط ہے، اسی طرح کسی کا نام کلب (کتا) غراب (کوا) حباب (شیطان یا سانپ کا نام) وغیرہ رکھنا اسی حکم میں داخل ہے کہ یہ الفاظ معنی و مفہوم کے اعتبار سے بہتر نہیں، رسول اکرم صلی اللہ علیہ وسلم ایسے ناموں کو بھی پسند نہیں فرماتے جن کے معنی میں سختی، گرمی، حزن و ملال، لڑائی جھگڑا یا کوئی ایسا مفہوم نکلتا ہو جو تہذیب و شرافت کے خلاف ہے، اس لیے کہ نام کے معنی و مفہوم کا زندگی پر اثر پڑنا لازمی عنصر ہے، اس کی وجہ سے مزاج میں خواہ مخواہ تیزی، لڑائی جھگڑا یا پھر حزن و ملال کا اثر مرتب ہو گا، یہی وجہ ہے کہ آپ صلی اللہ علیہ وسلم اس طرح کے ناموں کو تبدیل کر دیا کرتے تھے۔ احادیث میں ایسے نام بھی رکھنے سے منع کیا گیا ہے جن کے معنی سے اپنی بڑائی، اونچے مقام و مرتبہ نیکی وغیرہ کا مفہوم ظاہر ہوتا ہو کہ اس سے دل و دماغ میں کبر اور نخوت کا جذبہ پیدا ہو سکتا ہے یا کم سے کم سننے والوں کو ان کی عظمت، اعلی مقام اور غیر معمولی قوت کا احساس ہو گا جو صفات خداوندی میں سے ہے۔

حضرت زینب بنت ابی سلمہ کہتی ہیں کہ میرا نام برہ (یعنی نیکوکار) رکھا گیا تو رسول اکرم صلی اللہ علیہ وسلم نے فرمایا کہ اپنے نفس کی تعریف نہ کرو، تم میں جو شخص نیکوکار ہے اس کو اللہ تعالیٰ خوب جانتا ہے، اس بچی کا نام زینب رکھو (صحیح مسلم) آپ صلی اللہ علیہ وسلم نے اس نام کو ناپسند کرنے کی یہ وجہ بیان کی کہ اس لفظ کے مفہوم سے نفس کی تعریف ظاہر ہوتی ہے جو نامناسب ہے، اس سے نفس میں بڑائی پیدا ہونے کا اندیشہ ہے۔

اسی طرح حضرت شریح ابن ہانی اپنے والد حضرت ہانیؓ سے نقل کرتے ہیں کہ جب وہ (حضرت ہانی) اپنی قوم کے ساتھ رسول اکرم صلی اللہ علیہ وسلم کی خدمت میں حاضر

ہوئے تو آپ صلی اللہ علیہ وسلم نے سنا کہ ان کی قوم ان کو ابوالحکم کی کنیت کے ذریعہ یاد و مخاطب کرتی ہے، چنانچہ رسول اکرم صلی اللہ علیہ وسلم نے ان کو بلایا اور فرمایا کہ حکم تو صرف اللہ تعالیٰ ہے اور حکم اسی کی طرف سے ہے پھر تم نے اپنی کنیت ابوالحکم کیوں مقرر کی ہے؟ حضرت ہانیؓ نے عرض کیا کہ میری قوم مجھ کو ابوالحکم کنیت کے ذریعہ اس لیے پکارتی ہے کہ جب میری قوم کے لوگ کسی معاملہ میں اختلافات کا شکار ہوتے ہیں تو میرے پاس آتے ہیں اور میں ان کے معاملے میں جو فیصلہ کرتا ہوں دونوں فریق میرے حکم اور فیصلہ کو تسلیم کر لیتے ہیں، رسول اللہ صلی اللہ علیہ وسلم نے یہ سن کر فرمایا کہ یہ یعنی لوگوں کے تنازعات مٹانا اور ان کے درمیان فیصلہ و حکم کرنا بہت اچھی بات ہے لیکن یہ بتاؤ تمہارے کتنے بچے ہیں اور ان کے نام کیا کیا ہیں، انہوں نے کہا میرے تین بچے ہیں جن کے نام شریح، مسلم اور عبداللہ ہیں، آنحضرت صلی اللہ علیہ وسلم نے پوچھا ان تینوں میں سے بڑا کون ہے؟ حضرت ہانیؓ کہتے ہیں کہ میں نے عرض کیا شریح! آنحضرت صلی اللہ علیہ وسلم نے فرمایا: تو پھر آج سے تم ابوشریح ہو۔ (ابوداؤد ونسائی)

حضرت ہانی رضی اللہ عنہ کی کنیت ابوالحکم کو آپ صلی اللہ علیہ وسلم نے اس لیے ناپسند فرمایا کہ اس کے مفہوم میں اللہ کی صفت خاص حکمیت (فیصلہ کرنے) کے ساتھ اشتراک پایا جاتا ہے، حضرت ہانیؓ کی کنیت ابوالحکم رکھنے میں اگرچہ وہ ذہن کارفرما نہیں تھا مگر ظاہری مفہوم کے اعتبار سے اللہ کی ایک صفت میں شریک ہونا لازم آرہا تھا اس لیے آپ نے اس کو بدل دیا، یہی وجہ ہے کہ آپ نے غلام کے مالکوں کو حکم دیا ہے کہ وہ اپنے غلام کو "عبدی" کے بجائے "غلامی" کہہ کر پکاریں، اگرچہ دونوں کے معنی ایک ہی ہیں مگر عبد کے مفہوم میں بندگی اور عبادت کرنے کا پہلو بھی شامل ہے یعنی عبد اپنے معبود کے سامنے سجدہ کرتا ہے اور وہ اس کا حقیقی مالک ہوتا ہے اور عبادت صرف اللہ تعالیٰ ہی کی

ہو سکتی ہے کسی مخلوق کی نہیں، اس اعتبار سے اگر کوئی انسان کسی دوسرے انسان کو اپنا عبد یعنی بندہ کہتا ہے تو اس کا مطلب یہ ہے کہ بظاہر وہ یا تو حقیقتِ عبدیت میں شرک کا مرتکب ہو رہا ہے یا شرک کا مرتکب نہ سہی ارتکاب شرک کے گمان کا سبب بن رہا ہے، لہٰذا آپ صلی اللہ علیہ وسلم نے اس لفظ کو استعمال کرنے سے منع فرمایا، اسی طرح آپ نے غلام کو بھی حکم دیا ہے اپنے مالک کو ربی (میرا رب) نہ کہے بلکہ سیدی وغیرہ کے لفظ سے مخاطب کرے کیوں کہ اگرچہ "رب" کے معنی تربیت اور پرورش کرنے والا کہا جا سکتا ہے لیکن ربوبیت علی الاطلاق ایک ایسی خاص صفت ہے جو صرف اللہ تعالیٰ کی ذات سے متعلق ہے لہٰذا کسی انسان کو "رب" کہنا شرک کے گمان کا باعث ہے۔ (مظاہر حق جدید: ۵/ ۴۱۵)

احادیث میں ایسے نام بھی رکھنے سے منع کیا گیا ہے جن سے کبھی بدفالی اور بدشگونی کا مفہوم پیدا ہوتا ہو جیسے اگر کسی کا نام برکت یا رحمت رکھا جائے، اگر کوئی اسے تلاش کرنے کے لیے آئے اور وہ گھر میں نہ ہو تو گھر سے جواب میں کہا جائے گا کہ یہاں برکت نہیں ہے یا رحمت نہیں ہے، اگرچہ اس سے مراد وہ متعین آدمی ہے مگر معنی کی وسعت کے لحاظ سے مطلب ہوگا کہ اس گھر میں برکت اور رحمت نہیں ہے، گویا آپ نے جان بوجھ کر اپنے گھر سے برکت اور رحمت کی نفی کر دی، یہ بدفالی ہے، اس سے آپ صلی اللہ علیہ وسلم نے منع فرمایا تاہم خیال رہے کہ اس قسم کے نام میں معنوی خرابی نہ ہونے کے سبب اس کا انتخاب محض مکروہ تنزیہی ہوگا، رسول اکرم صلی اللہ علیہ وسلم نے امت کے ساتھ شفقت کا معاملہ کرتے ہوئے ناپسندیدگی کا اظہار فرمایا ہے۔ (مرقاۃ المفاتیح: ۹/ ۱۰۷)

مذکورہ تفصیل کے بعد یہ پہلو قابل غور ہے کہ اگر کسی کے والدین نے ناواقفیت کے

سبب یا غیر شعوری میں کسی کا نام غلط رکھ دیا تو کیا کرنا چاہیے ؟ اس کا جواب ام المؤمنین حضرت عائشہؓ سے سنئے، وہ فرماتی ہیں کہ رسول اللہ صلی اللہ علیہ وسلم کا معمول یہ تھا کہ آپ صلی اللہ علیہ وسلم برے ناموں کو تبدیل کر دیا کرتے تھے۔ جیسے ایک صحابی کا نام "اصرم" تھا، آپ صلی اللہ علیہ وسلم نے اس کا نام بدل کر زرعہ رکھ دیا، اس لیے کہ اصرم "صرم" سے مشتق ہے، جس کے معنی قطع و برید کرنا، ترک سلام و کلام کرنا اور درخت کاٹنا ہیں، ان معنی کی مناسبت سے آپ صلی اللہ علیہ وسلم نے اصرم نام کو ناپسند فرمایا اور اس کے بجائے زرعہ نام رکھ دیا، یہ لفظ زراعت سے ماخوذ ہے اور اپنے معنی کے اعتبار سے جود و سخاوت اور خیر و برکت کی طرف اشارہ کرتا ہے۔

اس طرح کی بہت سی مثالیں حدیث کی کتابوں میں موجود ہیں کہ آپ صلی اللہ علیہ وسلم نے معنی و مفہوم کے لحاظ سے کوئی خرابی یا نقص دیکھا تو اس کے اچھے ناموں سے تبدیل کر دیا اس لیے عمر کا کوئی بھی حصہ ہو برا نام بدل دینا چاہیے۔ واضح رہے کہ برصغیر میں عام طور پر یہ رجحان پایا جاتا ہے کہ اپنے بچے کا ایسا نام رکھا جائے جو پورے علاقہ، پورے گاؤں یا کم سے کم پورے خاندان میں نہ پایا جائے، اس کی کوئی اصلیت نہیں ہے، عہد نبوی سے لے کر آج تک عرب میں اس کا برعکس معاملہ ہے، کتب احادیث میں بھی بہت سے ایسے نام ملتے ہیں کہ جو دادا کا نام ہے وہی پوتے کا بھی، خود حضرت حسینؓ نے اپنے لڑکے کا نام "علی" رکھا تھا جب کہ ان کے والد حضرت علیؓ اسی نام سے مشہور و معروف تھے۔

اسی طرح بعض علاقوں میں گول مول اور ماڈرن نام رکھنے کا غلط رواج چل پڑا ہے جس سے یہ معلوم نہیں ہوتا کہ یہ مسلم ہے یا غیر مسلم، مرد ہے یا عورت، دنیا کے کس

طبقہ سے اس کا تعلق ہے، نام رکھنے میں اگر انبیاء، صحابہ و صحابیات کے ساتھ مشابہت اختیار کی جائے تو کیا بعید ہے کہ اللہ تعالیٰ معمولی مناسبت کی وجہ سے اس کا بھی حشر اسی کے ساتھ کرے یا وہ صفات کسی حد تک اس میں پیدا ہو جائیں، اس لیے اپنی اولاد کا نام منتخب کرتے ہوئے ضرور اس کا لحاظ رکھنا چاہیے۔

ہمارے زمانے میں ایک رواج یہ بھی ہے کہ اولاد کو حقیقی نام کے بجائے محبت اور پیار میں دوسرے غیر مناسب لفظ سے پکارا جاتا ہے اور پھر وہ لفظ اتنا مشہور ہو جاتا ہے کہ اصل نام کسی کو یاد ہی نہیں رہتا، اس کو عرف یا پکارو نام کہا جاتا ہے جیسے منا، ببلو، چھوٹا، کالا وغیرہ۔ اس کا بھی وہی حکم ہے جو برا نام رکھنے کا ہے، اس لیے کہ اصل نام اگرچہ صحیح ہے مگر اس کا استعمال نہیں، والدین کے غلط استعمال سے دیگر لوگوں نے بھی اس کا غلط استعمال سیکھ لیا، اس کا سارا وبال والدین پر ہوگا۔

اسی طرح نام بگاڑنے کا بھی خطرناک رجحان ہمارے یہاں پیدا ہو گیا ہے، کسی کا نام عائشہ ہے تو اس کو "عاشو" اور دوسرے انداز میں پکارا جاتا ہے، ظاہر ہے کہ جس نیت سے اس کا اچھا نام رکھا گیا ہے اس طرح نام بگاڑ کر بولنے سے وہ تاثیر پیدا نہ ہوگی اور وہ لفظ مہمل اور بیکار ہو جائے گا، اس کا کوئی معنی نہیں نکلے گا، لہذا یہ گول مول نام کے دائرے میں آجائے گا جو اسلامی نام سے خارج ہے، اسی طرح کسی کا نام عبد الرحمن ہے تو کبھی کبھی لفظ "عبد" ہٹا کر صرف "رحمن" پکارا جاتا ہے، حالانکہ رحمن صرف اللہ کی صفت ہے، آپ کی اگرچہ وہ نیت نہیں مگر ظاہری طرز سے تو یہی مفہوم ہوتا ہے کہ آپ اللہ کے علاوہ ایک بندہ کو رحمن سے پکار رہے ہیں نیت نہ ہونے کی وجہ سے اگرچہ شرک میں داخل تو نہیں مگر شرکت کا وہم ضرور ہے، اس سے بچنا لازمی ہے۔

ایمان نازک ترین شیٔ ہے، اس کی حفاظت اور نگرانی ایک مسلمان کے لیے از حد ضروری ہے، پتہ نہیں یہ ہمارے دل سے کب اور کس بہانے رخصت ہو جائے، نام رکھنے کا عمل ایک معمولی نظر آتا ہے مگر اسلام کے دیگر اصول وضوابط کی طرح اس کے لیے بھی اصول متعین کیا گیا ہے، اس میں اللہ کی ہزار حکمتیں ہیں جن سے وہ خوب واقف ہے، ایک مسلمان کا کام تو صرف یہ ہے کہ کسی تحقیق و تفتیش کے بغیر سر تسلیم خم کر دے۔

***

ووٹ اور ووٹرس۔ شرعی نقطۂ نظر

ہندوستان ایک جمہوری ملک ہے، جہاں عوامی ووٹ اور الیکشن کے ذریعے حکومت تشکیل پاتی ہے، عوام جس پارٹی کو اپنی رائے دہی کے ذریعے منتخب کرتے ہیں وہی پارٹی برسراقتدار ہوتی ہے اور پھر اگلے پانچ سالوں تک وہی حکمرانی کراتی ہے، ایوانِ حکومت میں بیٹھنے والے اگر مخلص، ہمدرد اور فرض شناس ہوتے ہیں تو کافی حد تک عوام کو راحت ملتی ہے اور ان کی مختلف ضرورتیں تکمیل پاتی ہیں، حکمراں جانتے ہیں کہ ان ہی کے ووٹ سے ہم اس قابل بنے ہیں، لہٰذا انہیں کسی موقع پر نظرانداز نہیں کیا جاتا اور اگر نمائندے فرض شناس نہ ہوں تو ان کو صرف اپنی اولاد کا مستقبل اور کرسی نظر آتی ہے، لوگ پریشان رہتے ہیں مگر ان کو کوئی فکر نہیں ہوتی، بلکہ بسااوقات جیتنے کے بعد عوام کی پانچ سال تک اپنے نمائندے سے ملاقات بھی نہیں ہوتی، اس لیے الیکشن کے وقت ووٹرس دانشمندانہ فیصلہ کرتے ہیں، کوشش کی جاتی ہے کہ ایسے امیدوار کو لایا جائے جو باصلاحیت، اخلاق و کردار کا پیکر، فرض شناس، قوم وملت کا ہمدرد اور ان کے لیے مفید ہو۔ جمہوری ملک میں ووٹ ایک بڑی طاقت ہے، اس کے ذریعے عوام اپنی پسند کے مطابق نمائندوں کو ایوان میں بٹھا سکتے ہیں۔ اب یہ فیصلہ رائے دہندوں پر ہے کہ وہ تدبیر اور دوررس نگاہی کے ذریعے اچھے افراد کو حکومت کا ممبر بنائیں یا وقتی وعدوں، بیان اور کچھ پیسوں کے حرص میں نامناسب، ظالم وجابر اور متکبرین کو اپنے اوپر مسلط کرلیں۔ یہ ذمہ داری مسلمانوں کی مزید بڑھ جاتی ہے کہ وہ الیکشن کے وقت متحد ہوکر منصوبہ بند طریقے

سے اپنے حق رائے دہی سے استفادہ کریں، اس لیے کہ ملک میں مسلمانوں کی اتنی بڑی آبادی ہے کہ وہ جس پارٹی کو چاہیں بر سر اقتدار لا سکتے ہیں گویا مسلمان ہندوستان میں کم از کم بادشاہ گر کا کردار تو ادا کر ہی سکتے ہیں، اس لیے بہتر ہو گا کہ ایک ذہن ہو کر مسلمان ایسے امیدواروں کو منتخب کریں جو اسلام اور مسلمانوں کے حق میں مفید ہوں، پارلیمنٹ اور اسمبلی وہ جگہ ہے جہاں قانون اور منصوبے بنتے ہیں، نظامِ حکومت اور طریقۂ کار کا فیصلہ ہوتا ہے، کبھی ایسے قوانین بھی بنتے ہیں جو راست اسلامی تعلیمات کے مغائر ہوتے ہیں، ایک طرف مذہب کی اتباع ہے جو بہر حال لازم ہے اور دوسری طرف ملکی قوانین کی پاسداری بھی ملک میں رہنے کے لیے ضروری ہے۔ اس طرح کے نازک حالات میں مسلمان امتحان اور مصیبت کے شکار ہو جاتے ہیں۔ ظاہر سی بات ہے کہ اگر مجالس قانون ساز میں مسلمانوں کی نمائندگی ہو یا ایسے ارکان موجود ہوں جن کے انتخاب میں مسلم ووٹ اثر انداز رہا ہو تو ان کے ذریعے مسلمانوں کے مذہبی مفادات کا بھی تحفظ ہو سکتا ہے۔ اسلام مخالف قوانین و دفعات کے خلاف ایسے ارکان صدائے احتجاج بلند کریں گے، ان کی منسوخی کا مطالبہ کریں گے اور حتی الامکان ایسے قوانین کو پاس ہونے نہیں دیں گے؛ لیکن اگر مسلمانوں کے مضبوط نمائندے ایوانوں میں نہ ہوں تو اسلام کے خلاف وہاں قوانین وضع ہوں گے اور اسلام کی طرف سے دفاع کرنے والا کوئی نہیں ہو گا، جس کے نتیجے میں اسلام مخالف قوانین پر مسلمانوں کو عمل کرنے پر مجبور کیا جائے گا، اس طرح سیاسی اور قومی سطح پر مسلمانوں کا بڑا نقصان ہو گا، ان کی جان و مال اور عزت و آبرو محفوظ نہیں رہے گی، دوسروں کی دست نگر رہیں گے، غلامی کی زندگی اپنانے پر مجبور ہوں گے، انہیں مذہبی اور قومی حقوق سے محروم ہونا پڑے گا اور سب سے بڑھ کر اسلام کا وجود خطرے میں پڑ جائے گا، مذہبی شناخت کا باقی رہنا بھی مشکل ہو جائے گا، اسی لیے

حضراتِ علماء اور اربابِ افتاء نے قرآن وحدیث کی روشنی میں ووٹ دینے کو واجب قرار دیا ہے تاکہ اسلام کی حفاظت ہو سکے اور مسلمانوں کو ان کے حقوق مل سکیں۔

یہ بڑی تشویشناک بات ہے کہ دوسری قوموں کی طرح مسلمانوں میں بھی ووٹ کے بارے میں بڑی بدعنوانیاں، بے راہ روی اور غیر مناسب رویہ پایا جاتا ہے، اختلاف و انتشار کے سبب مسلمانوں کے ووٹ بھی بکھر جاتے ہیں، ان میں کوئی فیصلہ کن قوت پیدا نہیں ہوتی، بعض لوگ ذاتی تعلقات اور رشتہ داری کو بنیاد بناتے ہیں، خواہ وہ پارٹی اور نمائندہ سیرت کے اعتبار سے کیسا بھی ہو اور بعض مسلم ووٹرس چند پیسوں کے حرص میں اپنا قیمتی ووٹ ضائع کر دیتے ہیں۔ یہ سب اس لیے ہوتا ہے کہ ووٹ اور رائے دہی کو صرف ایک دنیوی حق اور سیاسی مسئلہ سمجھا جاتا ہے، مسلمانوں میں یہ غلط فہمی پھیل گئی ہے کہ الیکشن اور ووٹوں کا دین و مذہب سے کوئی تعلق نہیں، اس لیے وہ ووٹ کے بارے میں آزاد ہیں جیسا چاہیں اس حق کو استعمال کر سکتے ہیں بلکہ بعض ارباب تو یہ سوچ کر ووٹ کا حق استعمال بھی نہیں کرتے، جو سراسر شیطانی دھوکہ اور ناواقفیت پر مبنی ہے۔ واضح رہے کہ شرعی نقطۂ نظر سے ووٹ کی حیثیت شہادت اور گواہی کی سی ہے اور جس طرح جھوٹی گواہی دینا حرام اور ناجائز ہے اسی طرح ضرورت کے موقع پر شہادت کو چھپانا بھی حرام ہے۔ ارشادِ باری ہے: "وَلَا تَكْتُمُوا الشَّهَادَةَ وَمَنْ يَّكْتُمْهَا فَاِنَّهٗٓ اٰثِمٌ قَلْبُهٗ۔" (البقرۃ: ۲۸۳)
"اور تم گواہی کو نہ چھپاؤ اور جو شخص گواہی کو چھپائے اس کا دل گنہگار ہے۔"

حضرت ابو موسیٰ اشعری رضی اللہ عنہ کا بیان ہے کہ رسول اکرم صلی اللہ علیہ وسلم نے شہادت چھپانے والوں کو جھوٹی گواہی دینے کی طرح گناہِ عظیم قرار دیا ہے۔ (دیکھئے طبرانی: ۴/ ۶۲) ویسے بھی یہ سوچنے کی بات ہے کہ اگر مسلمان ووٹ دینے سے کنارہ کش ہو جائیں تو اس کا سیدھا سا مطلب یہ ہے کہ وہ پورا میدان شریروں، فتنہ پردازوں اور بے

دین افراد کے ہاتھوں میں سونپ رہے ہیں، پھر اسلام اور مسلمانوں کے خلاف کسی کام پر شکوہ اور صدائے احتجاج بلند کرنے کا کیا حق ہے؟ حضرت ابو بکر صدیق رضی اللہ عنہ سے روایت ہے کہ رسول اکرم صلی اللہ علیہ وسلم نے ارشاد فرمایا: اگر لوگ ظالم کو دیکھ کر اس کا ہاتھ نہ پکڑیں تو کچھ بعید نہیں کہ اللہ تعالیٰ ان سب پر اپنا عذاب نازل فرما دے۔ (ترمذی) ایک دوسری روایت میں ہے کہ جس شخص کے سامنے کسی مؤمن کو ذلیل کیا جا رہا ہو اور وہ اس کی مدد کرنے پر قدرت رکھنے کے باوجود مدد نہ کرے تو اللہ تعالیٰ اسے قیامت کے دن بر سر عام رسوا کرے گا۔ ان دونوں احادیث سے معلوم ہوتا ہے کہ مسلمانوں پر واجب ہے کہ ووٹ اور الیکشن میں حصہ لے کر مسلم معاشرہ کو ہونے والے مظالم سے نجات دلائیں، کیوں کہ یہ ان کے بس میں ہے۔ ووٹ سے کنارہ کشی کا مطلب ملتِ اسلامیہ کو ظلم و زیادتی، ناانصافی اور بدعنوانی کے لیے چھوڑ دینا ہے، کیوں کہ اس طرح ایسے ہی لوگ بر سر اقتدار آئیں گے جو مسلمانوں کے دشمن ہوں گے اور یہ موقع ہم نے اپنی سستی اور کاہلی سے فراہم کیا ہے۔ سنگھ پریوار ذہنیت کے حامل لوگ چاہتے ہیں کہ مسلمان ووٹ نہ دیں، اسی لیے بسا اوقات ووٹر لسٹ سے منصوبہ بند طریقے پر مسلمانوں کا نام حذف کر دیا جاتا ہے، تاکہ وہ اپنی پسند کے مطابق کسی ایسی پارٹی کو منتخب کریں جو اسلام اور مسلمانوں کو نقصان پہنچانا مشن رکھتا ہو۔ ووٹ نہ دینا ایسی ذہنیت کو کامیاب کرنا ہے، اس لیے تمام مسلمانوں کو چاہیے کہ اپنے اہل خانہ سمیت ضرور حق رائے دہی کا استعمال کریں، خواہ اس کے لیے دکان بند کرنی پڑے یا اپنے پیشے کو ایک دن ترک کرنا پڑے اخلاص کے پیش نظر اس میں بھی بے پناہ اجر و ثواب حاصل ہوگا۔

لیکن سوال پیدا ہوتا ہے کہ ووٹ کس کو دیا جائے؟ شریعت اس سلسلہ میں کیا رہنمائی کرتی ہے؟ یاد رہے کہ ووٹ چوں کہ ایک طرح کی شہادت ہے، یعنی اس بات کی

گواہی ہے کہ جس کو میں ووٹ دے رہا ہوں، وہ فلاں منصب کا اہل ہے، امانتدار ہے، دیانتداری کے ساتھ اپنی ذمہ داریوں کو ادا کر سکتا ہے۔ ایسے امیدوار جس کے بارے میں آپ کو یقین ہے کہ یہ صالح اور فرض شناس ہے اور اس کی پارٹی بھی معتدل اور بہتر ہے، ایسے شخص کو ووٹ دینا چاہیے، لیکن آپ جانتے ہوئے کسی نااہل کو ووٹ دیں تو یہ جھوٹی گواہی ہے، جس پر بہت سخت وعید آئی ہے، اس میں سفارش اور مشورے کا بھی پہلو پایا جاتا ہے، اس پہلو سے بھی نااہل کو ووٹ دینا جائز نہیں، کیوں کہ غلط سفارش اور غلط مشورہ بھی شرعاً ناجائز ہے۔ یہ بھی ذہن میں رہے کہ جس جرم اور گناہ کے اثرات دوررس ہوں، اسی قدر وہ بھیانک اور سخت ہوتا ہے، غلط ووٹ دینے کے نتائج بھی چوں کہ دوررس ہوتے ہیں کہ اس کا اثر پورے ملک اور قوم پر پڑتا ہے اس لیے جان بوجھ کر نااہل شخص کو ووٹ دینا شدید ترین گناہ ہے، خواہ وہ شخص اپنا رشتہ دار ہی کیوں نہ ہو، اس لیے کہ شریعت نے رشتہ داری کی بنیاد پر جھوٹی گواہی کی اجازت نہیں دی ہے، اسی طرح ووٹ کے عوض پیسہ لینا بھی جائز نہیں، کیوں کہ یہ شہادت ہے اور شہادت پر اجرت لینا درست نہیں، مکرر ووٹ دینا دھوکہ دینا ہے، اسی طرح رائے دہی کی جو عمر متعین ہے اس سے کم عمر لوگوں کا ووٹ دینا بھی جائز نہیں ہے، اسلام اپنا ایک عادلانہ اصول رکھتا ہے، جس پر چلنے ہی میں خیر اور بھلائی ہے۔

بعض لوگ یہ بھی سوچتے ہیں کہ لاکھوں ووٹوں کے مقابلہ میں ایک شخص کے ووٹ کی کیا حیثیت ہے، اگر وہ غلط استعمال بھی ہو جائے تو ملک و قوم کے مستقبل پر کیا اثر انداز ہو سکتا ہے؟ یہ سوچ غلط ہے اس لیے کہ غلط ووٹ دینا خود اس کے حق میں گناہ کا موجب ہے، اثر انداز ہونے اور نہ ہونے سے اس کا کوئی تعلق نہیں۔ اس کے ساتھ یہ بھی واضح ہے کہ کبھی کبھی ایک ووٹ بھی جیت اور ہار کا سبب بن جاتا ہے، اس لیے بہت ہی

سوچ کر اپنے حق کا استعمال کرنا چاہیے کہ یہ موقع پانچ سال بعد ہی آسکتا ہے، اپنے فیصلے کے اچھے یا برے نتائج نہ صرف ان کو بلکہ پوری قوم کو بھگتنے پڑیں گے۔

ووٹ ایک نعمت اور مؤثر ہتھیار ہے، سارے مسلمان ایک ساتھ منصوبہ بند طریقے پر اگر اپنے حق رائے دہی کا استعمال کریں تو مستقبل میں بہتر اور خوشگوار نتائج اس کے مرتب ہوں گے۔ ایسے موقع پر فقہاء کا اصول یہ ہے کہ آدمی کمتر برائی کا انتخاب کرے اور نسبتاً بہتر لوگوں کے حق میں اپنی رائے دے، جن سیاسی جماعتوں نے اعلانیہ اسلام اور مسلمانوں کی مخالفت کو اپنی جماعت کا مقصد بنا لیا ہو ان میں مسلمانوں کی شمولیت جائز نہیں اور ان کے کسی امیدوار کو ووٹ دینا بھی جائز نہیں ہے، خواہ وہ ذاتی طور پر نیک خصلت ہو، اس لیے کہ اس کو ووٹ دینا درحقیقت اس پارٹی کی تائید ہے جس سے وہ وابستہ ہے، تنہا اس کی نیکی جماعت کے مشن کو نہیں بدل سکتی۔ موجودہ سیاسی صورتِ حال مسلمانوں کے موافق نہیں ہے، تقریباً تمام سیاسی پارٹیاں موقع بہ موقع کسی نہ کسی طرح مسلمانوں کو نقصان پہنچانے کا ایجنڈا رکھتی ہیں، اس لیے الیکشن اور ووٹ کے وقت اپنے ذاتی مفاد کو ملت کے لیے قربان کرتے ہوئے پختہ شعوری سے کام لینا چاہیے، مسلکی، وطنی یا لسانی اختلاف کو ہرگز ایسے وقت آڑ نہ بنایا جائے، ورنہ پھر اگلی میعاد تک اسی کشمکش میں زندگی گذارنے پر مجبور ہونا پڑے گا۔ علامہ اقبال نے مسلمانوں کو للکارتے ہوئے کہا ہے:

وطن کی فکر کر ناداں مصیبت آنے والی ہے
تیری بربادیوں کے مشورے ہیں آسمانوں میں

***

جہدِ مسلسل اور پائیدار کوشش کامیابی کا ضامن

کسی قول، فعل، رائے یا فیصلہ پر انتہائی پختگی اور سختی سے قائم رہنا اور کسی بھی صورت میں اس سے نہ ہٹنے کو استقامت کہا جاتا ہے، شریعت کی نظر میں استقامت کی بڑی اہمیت ہے، اللہ کی طرف سے نزول رحمت، خیر و برکت، کامیابی و کامرانی کو ثابت قدمی اور مستقل مزاجی کے ساتھ جوڑ دیا گیا ہے، گویا بہتر زندگی اور انسانی کمال کی یہ اساس اور بنیاد ہے بلکہ اسے بعض حیثیتوں سے انسانی کردار کا جوہر اصلی کہنا چاہیے، اگر کسی کام میں پابندی اور استقلال نہیں ہے تو سمجھ لیجیے کہ کامیابی اور منزل ابھی بہت دور ہے جس کے پانے کے لیے تسلسل کے ساتھ مزید محنت اور تگ و دو کی ضرورت ہے، خلاصہ یہ کہ استقلال کامیابی کا پہلا زینہ ہے، کسی بھی کام کے آغاز سے پہلے مزاج میں استقلال اور دوام کی صفت پیدا کرنا چاہیے، اس لیے کہ دل و دماغ کی آزادی کے ساتھ وقفہ وقفہ سے تھوڑا تھوڑا عمل مفید اور منتج نہیں ہوتا، دنیوی امور میں آپ غور کیجیے تو یہاں بھی ہر شعبۂ حیات میں یہی اصول نظر آئے گا، تجارت، زراعت، ملازمت یا اور کوئی پیشہ ہو، اس میں جب تک مستقل مزاجی نہیں ہو گی، کامیابی ہاتھ نہیں آسکتی، مثلاً ایک آدمی کرانہ کی دوکان رکھتا ہے، شروع میں تجربہ اور مہارت نہ ہونے کی وجہ سے ممکن ہے کہ خاطر خواہ فائدہ نہ ہو، کچھ ہی دنوں میں اکتا کر اس نے کرانہ کی دکان چھوڑ کر میڈیکل کھول لیا، وہاں بھی تجربہ کی ضرورت ہے، جس کے فقدان کے سبب آمدنی یہاں بھی شروع میں کم ہوئی، اس پر صبر نہیں کر سکا اور تیسرا کام شروع کر دیا، ظاہر ہے کہ اس

طرح وہ ہزار کام بھی کرتا اور چھوڑتا رہے، فلاح و کامرانی قریب بھی نہیں آسکتی، جیسے پہلے وہ محتاج تھا، اخیر تک اس کا احتیاج باقی رہے گا، جب تک کسی ایک پیشہ سے ثابت قدمی اور استقلال کے ساتھ وابستہ نہیں رہے گا خوشحالی نصیب نہیں ہوسکتی، بالکل یہی کیفیت علوم وفنون کی ہے، کوئی بھی علم و فن ہو، جب تک اس کے حاصل کرنے میں مکمل تندہی مستقل مزاجی اور ثابت قدمی کے ساتھ لگا نہیں رہے گا، اس میں نہ وہ ماہر ہوسکتا ہے اور نہ ہی اسے مالی منافع اور دنیوی فوائد حاصل ہوسکتے ہیں، دنیا اور دنیا کی تمام چیزیں چند روزہ ہیں، جب ان میں کامیابی و کامرانی اور فوز و صلاح استقامت، پختگی اور ثابت قدمی کے بغیر میسر نہیں آسکتی تو دین اور دینی امور و معاملات میں یقیناً اس کی اہمیت زیادہ ہوگی، کسی بھی عمل کے اللہ کے نزدیک مقبول ہونے، اس پر اللہ کی جانب سے دنیوی و اخروی اجر وثواب کے لیے استقامت اور پائیداری ازحد ضروری ہے، سورہ حمٓ سجدہ آیت ۳۰ میں یہی مضمون بیان کیا گیا ہے، ارشادِ باری ہے: اِنَّ الَّذِیْنَ قَالُوْا رَبُّنَا اللّٰہُ ثُمَّ اسْتَقَامُوْا تَتَنَزَّلُ عَلَیْہِمُ الْمَلٰٓئِکَۃُ اَلَّا تَخَافُوْا وَ لَا تَحْزَنُوْا وَ اَبْشِرُوْا بِالْجَنَّۃِ الَّتِیْ کُنْتُمْ تُوْعَدُوْنَ "بے شک جن لوگوں نے کہا کہ ہمارا پروردگار اللہ ہے، پھر اس پر قائم رہے، ان پر فرشتے اتریں گے کہ تم نہ اندیشہ کرو اور نہ رنج کرو اور خوش ہو جنت کے ملنے پر جس کا تم سے وعدہ کیا جاتا رہا ہے۔"

شرک سے بے زاری اور توحید کے اختیار کرنے میں استقامت اختیار کرنے پر اللہ تعالیٰ کی طرف سے جنت اور دوسری سعادتوں کی خوشخبری دی گئی ہے، ایمان و توحید پر اگر قائم رہا جائے اور حالات جیسے بھی ہوں، ایمان کا سودا نہ کیا جائے، ہمیشہ اللہ کی قدرت وطاقت پر نظر رہے تو پھر اللہ کی رضامندی حاصل ہوگی، قدرت کی جانب سے رحمتوں اور برکتوں کا نزول ہوگا، صحابۂ کرام میں حضرت بلالؓ کلمہ پڑھنے کے جرم میں گرم ریت

پر لٹائے جاتے، پتھر کی بھاری چٹان ان کے سینہ پر رکھی جاتی، گلے میں رسی باندھ کر زمین میں گھسیٹے جاتے، کفار مکہ کی ایذا رسانی اتنی سخت تھی کہ بسا اوقات بے ہوش ہو جاتے مگر جب بھی ہوش آتا زبان پر اَحد اَحد (اللہ ایک ہے، اللہ ایک ہے) کے الفاظ جاری رہتے، ایمان پر یہی ان کی وہ استقامت تھی کہ اسلام میں ان کو بڑا درجہ حاصل ہوا، حضرت عمر فاروقؓ جیسے جلیل القدر صحابی یا سیدنا (اے ہمارے آقا) کہہ کر مخاطب کرتے تھے، رسول اکرم صلی اللہ علیہ وسلم جب معراج سے تشریف لائے تو جنت میں حضرت بلالؓ کی جوتیوں کی آواز کا آپ صلی اللہ علیہ وسلم نے تذکرہ کیا۔ (مشکوٰۃ: ۵۷۵۴) مسجدِ نبویؐ میں زمانۂ دراز تک اذان دینے کا شرف حاصل ہوا، مؤذّنِ رسول کا لقب آخرت پر ایمان رکھنے والوں کے لیے غیر معمولی حیثیت رکھتا ہے، یہ تمام سعادتیں حضرت بلالؓ کو سخت سے سخت حالات میں ایمان و توحید پر استقامت اور ثابت قدمی سے حاصل ہوئیں، اگر کفارِ مکہ کی ایذا رسانی پر تحمل سے کام نہ لیتے تو شاید یہ رتبہ اور مقام حاصل نہ ہوتا، حضرت خبابؓ بن ارت کو جلتے کوئلے پر چت لٹایا جاتا اور مختلف سزائیں دی جاتیں مگر جس کلمہ طیبہ کا ایک مرتبہ انہوں نے اقرار کر لیا زندگی بھر اسی پر قائم اور ثابت قدم رہے، ایک موقع پر رسول اکرم صلی اللہ علیہ وسلم سے اپنی مصیبتوں کا حال عرض کیا تو آپؐ نے دین حق کے لیے مر مٹنے والوں کے حالات کا تذکرہ فرماتے ہوئے صبر کی تلقین کی۔ (صحیح بخاری باب علامات النبوۃ فی الاسلام)

صحابۂ کرام رضی اللہ عنہم میں کوئی ایسی مثال نہیں کہ حقیقی معنی میں کلمہ پڑھ لینے کے بعد پھر کسی نے ارتداد اختیار کیا ہو، فراخی ہو یا تنگی، جنگ کے حالات ہوں یا امن کے، رسالت کی تصدیق کے بعد آپ صلی اللہ علیہ وسلم کے ساتھیوں نے آپ صلی اللہ علیہ وسلم کے قدموں پر جان نچھاور کر دی، دنیا اور دنیا کی تمام چیزوں سے بڑھ کر اسلام

ان کو عزیز تھا، رفتہ رفتہ ایمان میں اضافہ اور پختگی پیدا ہوتی جاتی تھی، کبھی کم نہ ہوئی، دور دراز جگہوں پر مشرکین اور دشمنان اسلام سے جہاد کا اعلان کیا جاتا، صحابہ کرام فوراً اٹھ کھڑے ہوتے اور راہ خداوندی میں جان قربان کرنے کے لیے تیار ہو جاتے، صحابہ کے اس اخلاص اور استقلال سے خوش ہو کر اللہ تعالیٰ نے اپنی خوشنودی کا مژدہ سنایا رَضِیَ اللّٰہُ عَنْہُمْ وَرَضُوْا عَنْہُ "اللہ ان سے راضی ہو گیا اور یہ لوگ اللہ سے راضی ہوئے۔" خود نبی اکرم صلی اللہ علیہ وسلم نے جب رسالت کا اعلان کیا تو عرب کا گرم ریگستان مخالفت اور غیظ و غضب میں بھڑک اٹھا، مکہ کی سرزمین آپ پر تنگ کر دی گئی، مگر اللہ تعالیٰ کی طرف سے فَادْعُ وَاسْتَقِمْ "اللہ کی طرف بلایئے اور ثابت قدم رہیے" کا حکم دیا گیا، طائف اور مکہ کے حوصلہ شکن حالات میں مسلسل آپ صلی اللہ علیہ وسلم دعوت کا فریضہ انجام دیتے رہے، استقامت اور استقلال میں کبھی تزلزل پیدا نہ ہوا، آخر ایک وہ وقت آیا کہ اسلام کا جھنڈا ہر طرف لہرایا جانے لگا آپ کا مشن نہ صرف کامیاب ہوا بلکہ قیامت تک کے لیے اس کی جڑیں مضبوط ہو گئیں۔

ایمان و توحید اور فرائض و واجبات میں استقامت تو ضروری ہے ہی، نفل اعمال میں بھی اس کی بڑی اہمیت ہے، احادیث میں مختلف پیرایے سے اس بات کی تاکید کی گئی ہے کہ جو نیک کام شروع کیا جائے اس کو اخیر تک نباہنے کی کوشش کی جائے، اس لیے کہ اللہ تعالیٰ کو سب سے زیادہ پسندیدہ وہ عمل ہے جس پر مداومت اور ہیشگی کی جائے، جیسا کہ حضرت عائشہؓ نے رسول اکرم صلی اللہ علیہ وسلم کا یہ ارشاد نقل کیا ہے اَحَبُّ الْاَعْمَالِ اِلَی اللّٰہِ اَدْوَمُہَا وَاِنْ قَلَّ یعنی خدا کے نزدیک سب سے محبوب وہ عمل ہے جو ہمیشہ کیا جائے اگرچہ وہ تھوڑا ہی کیوں نہ ہو۔ (مشکوٰۃ، صفحہ: ۱۱۰) اس حدیث کا مطلب یہ ہے کہ نفل عبادت کی جس مقدار پر ہیشگی ہو سکے اور جتنے پر پابندی سے عمل ہو سکے اتنا ہی اختیار کرنا

چاہیے، قرآن کی تلاوت دو ہی رکوع کرے مگر روزانہ بلاناغہ کرے، یہ بہتر طریقہ نہیں ہے کہ کسی دن دل میں آیا دس پارے پڑھ لیے اور پھر دس پندرہ روز تک تلاوت نام کی کوئی چیز نہیں ہے، اسی طرح ایک آدمی کسی خاص زمانہ میں اور مخصوص حالات میں تو اعلی درجہ کی داد و دہش کا مظاہرہ کرتا ہے، ڈھونڈ ڈھونڈ کر ضرورت مندوں، محتاجوں اور غریبوں کی خوب مالی امداد کرتا ہے لیکن جوں ہی وہ مخصوص صورت حال بدل جاتی ہے، اس کی وہ تمام داد و دہش یکسر ختم ہو جاتی ہے، ایسی سخاوت اسلام میں مطلوب ہے اور نہ ہی مفید، اس لیے آغاز سے قبل انجام پر نظر رکھنے اور غور و فکر کی ہدایت دی گئی ہے، نماز بلاشبہ بہترین عبادت ہے مگر اس میں بھی نفل کی وہی مقدار اختیار کی جائے جس کو اخیر تک نباہ سکے، وہ شخص جو وقتی جذبات کے تحت تہجد، اوّابین، چاشت، اشراق اور دوسری نمازیں پڑھتا ہے اور پھر کچھ دنوں کے بعد تمام نفل نمازیں چھوڑ بیٹھتا ہے، تو اس سے بہتر وہ بندہ ہے جو دو ہی رکعت نماز نفل پڑھے مگر پابندی اور استقلال کے ساتھ ادا کرے، اس لیے کہ مداومت کے ساتھ انجام دیا ہوا عمل اللہ کی رحمت کو متوجہ کرنے کا باعث اور خیر و برکت کا ذریعہ ہوتا ہے۔

احکامِ اسلام کے رموز و اسرار کے سب سے بڑے عالم حضرت شاہ ولی اللہ محدث دہلویؒ حدیث مذکور کے ذیل میں لکھتے ہیں "مداومت والا عمل اللہ تعالیٰ کو دو وجہ سے زیادہ پسند ہے، پہلی وجہ یہ ہے کہ مداومت رغبت کی علامت ہے، جس کام کی رغبت ہوتی ہے اس کو آدمی ہمیشہ کرتا ہے اور رغبت سے کی ہوئی عبادتیں اللہ تعالیٰ کو بہت پسند ہیں چاہے تھوڑے ہوں، اور رغبت سے اعتدال کے ساتھ ہی عبادتیں کی جاسکتی ہیں کیوں کہ بے اعتدالی اور غلو کا لازمی نتیجہ سیری اور بے رغبتی ہے۔

دوسری وجہ: نفس عبادت کا اثر اس وقت قبول کرتا ہے اور عبادت کا فائدہ اس

وقت جذب کرتا ہے جب اس کو عرصہ تک مسلسل کیا جائے اور دل اس پر مطمئن ہو جائے اور کوئی ایسا وقت ہاتھ آجائے جب دل فارغ ہو، ایسا فارغ جیسا خواب میں فارغ ہوتا ہے جب کہ ملا اعلیٰ کی طرف سے علوم کا فیضان ہوتا ہے اور اس کا کوئی اندازہ مقرر نہیں ہے کہ یہ باتیں کتنے عرصہ میں حاصل ہوں گی؟ پس ان کی تحصیل کا ایک ہی راستہ ہے کہ عمل مسلسل کیا جائے، انشاء اللہ کبھی نہ کبھی وہ دن ضرور آئے گا کہ مقصد بر آئے۔" (رحمۃ اللہ الواسعہ ۳/۲۴۵)

مثل مشہور ہے "قطرہ قطرہ دریا شود" قطرہ قطرہ سے مل کر دریا بنتا ہے، یعنی ایک چھوٹا سا عمل ہے، اسے اگر روزانہ کیا جائے تو ایک وقت اس کا بہت بڑا فائدہ حاصل ہوگا، تسلسل کے ساتھ کیا ہوا یہ چھوٹا عمل اگر چہ بظاہر چھوٹا نظر آرہا ہے لیکن اس کا اثر اس بڑے عمل سے بھی زیادہ ہے جسے کچھ دن کیا جائے اور چھوڑ دیا جائے، استقلال انسانی اخلاق کا کمال ہے، انسان کے اخلاق کی خوبیوں میں سے ایک یہ بھی ہے کہ وہ جو اچھا کام کرے اس پر پوری طرح جم جائے اور اسے ہمیشہ کرتا رہے، اکثر لوگوں میں یہ کمزوری رہتی ہے کہ وہ ایک کام شروع کرتے ہیں، کچھ دن اس پر عمل کرتے ہیں اور پھر اسے چھوڑ بیٹھتے ہیں، یہ ایک قسم کی اخلاقی کمزوری کی علامت ہے، رسول اللہ صلی اللہ علیہ وسلم اپنے تمام کاموں میں بڑی شدت کے ساتھ اس اصول کی پابندی فرماتے تھے کہ جو اچھا کام ایک بار شروع کر دیئے وہ ہمیشہ کرتے رہے، ہمیشہ اور پابندی سے کام کرنے کے لیے ضروری ہے کہ شروع میں اتنا ہی اپنائے جتنا بآسانی کر سکتا ہو، نفس پر بوجھ نہ پڑے، آہستہ آہستہ جب وہ عادت بن جائے اور یقین ہو جائے کہ وہ اس پر مکمل قابو پا چکا ہے، اب اس میں تھوڑا اضافہ کرے پھر اس پر عمل کرتا رہے جیسے نفل نمازوں میں دو رکعت نماز پہلے کسی خاص وقت پڑھنے کی عادت ڈالے، تسلسل کے ساتھ پڑھتا رہے، جب دو

رکعت نماز پر مکمل قدرت ہو جائے تو پھر مزید دو کا اضافہ کیا جائے اور پھر چار رکعتوں پر تسلسل اور دوام اختیار کرنا چاہیے، اس حکمت عملی سے انسانی طبیعت کام کا خوگر بن جاتی ہے اور سلسلہ ٹوٹنے کا امکان کم رہتا ہے لیکن اگر شروع سے ہی ذوق و شوق میں کثرت عمل کا پابند کر لیا جائے تو وہ عمل دیر پا نہیں ہوتا، بہت جلد طبیعت اکتاہٹ محسوس کرنے لگتی ہے اور پھر سلسلہ ختم ہو جاتا ہے، واضح رہے کہ یہ حکمت عملی صرف نفل اور استحبابی عمل کے لیے ہے، فرائض اور واجبات میں تو ہر حال میں پابندی لازمی ہے اور ابتدا سے شریعت کا متعین کردہ نصاب کی تکمیل ضروری ہے، قدرت کی جانب سے فرائض و واجبات میں پہلے سے ہی تخفیف کر دی گئی ہے جس پر عمل کرنا مشکل نہیں۔

حضرت عائشہ رضی اللہ عنہا سے روایت ہے کہ رسول اللہ صلی اللہ علیہ وسلم نے ارشاد فرمایا: اتنے اعمال اپناؤ جن پر ہمیشہ عمل کرنے کی طاقت ہو، بے شک اللہ تعالیٰ تنگ نہیں ہوتے یہاں تک کہ تم تنگ ہو جاؤ۔ (مشکوٰۃ صفحہ: ۱۱۰) یعنی طاقت سے بڑھ کر کسی کام کا التزام اس کو ہمیشہ کے لیے ترک کرنے کا باعث بن جاتا ہے، اس لیے کہ وسعت سے زیادہ کام ملال اور فتور کا سبب ہوتا ہے، کچھ دنوں میں آدمی تھک جاتا ہے اور عمل چھوڑ بیٹھتا ہے تو اس کا ثواب ختم ہو جاتا ہے اور جو حسبِ طاقت عمل اپناتا ہے وہ مسلسل جاری رہتا ہے اور اگرچہ بظاہر تھوڑا ہو اس کا ثواب برابر ملتا رہتا ہے اور انجام کار کے اعتبار سے وہ ثواب بہت ہو جاتا ہے، اس لیے شروع میں جتنا بآسانی ہو سکے، سوچ سمجھ کر اور غور و فکر کے بعد مقدار کا تعین کرنا چاہیے۔ ایک روایت میں ہے کہ رسول اللہ صلی اللہ علیہ وسلم نے حضرت عبد اللہ بن عمرو العاص رضی اللہ عنہ سے فرمایا کہ مجھے یہ اطلاع ملی ہے کہ روزانہ تم دن کو روزے رکھتے ہو اور رات بھر قیام کرتے ہو یعنی نماز پڑھتے ہو، انہوں نے عرض کیا کہ یارسول اللہ! آپ کو یہ خبر صحیح ملی ہے، آپ صلی اللہ علیہ وسلم نے فرمایا:

تم ایسامت کرو بلکہ کچھ دن روزے رکھو، کچھ دن افطار کرو، رات کا کچھ حصہ آرام کرو اور کچھ حصہ نماز پڑھو، اس کے بعد فرمایا: یقیناً تمہارے جسم کا تمہارے اوپر حق ہے اور بلاشبہ تمہاری آنکھوں کا بھی تمہارے اوپر حق ہے اور بلاشبہ تمہارے آنے والے مہمانوں کا بھی تمہارے اوپر حق ہے، ہمیشہ دن کو روزہ رکھنے اور رات بھر قیام کرنے کی صورت میں ان سب کے حقوق تلف ہوں گے، پھر فرمایا: بلاشبہ تمہارے لیے اتنا کافی ہے کہ تم ہر مہینہ میں تین روزے رکھ لیا کرو، مہینہ بھر کے روزوں کا ثواب مل جائے گا، اس لیے کہ ایک عمل کا دس گنا ثواب ملتا ہے، حضرت عبد اللہ بن عمرو العاص کہتے ہیں کہ میں نے خود ہی سختی کو اختیار کیا چنانچہ مجھ پر سختی ہو گئی، میں نے عرض کیا یا رسول اللہ! میں تو اپنے اندر اس سے زیادہ روزہ رکھنے کی طاقت پاتا ہوں، آپ صلی اللہ علیہ وسلم نے فرمایا کہ تو پھر تم اللہ کے نبی داؤد علیہ السلام کے روزے رکھو یعنی ایک دن روزہ ایک دن افطار، حضرت عبد اللہ بن عمرو رضی اللہ عنہ بوڑھے ہو جانے کے بعد اپنے فعل پر افسوس کا اظہار کرتے کہ کاش! مہینہ میں تین روزہ رکھنے کے مشورہ پر عمل کر لیتا تو یہ مجھے اپنے اہل وعیال اور مال سے بھی زیادہ محبوب ہوتا۔ (ریاض الصالحین مترجم: ۵۲۷) حضرت عبد اللہ بن عمروؓ نے ناقابل برداشت عمل کو اختیار کرنے پر اصرار کیا اور ناعاقبت اندیشی میں ابتدا کی باتوں کو نہ مانا، اس لیے وہ پوری عمر پچھتاتے رہے کہ میں رحمت عالم صلی اللہ علیہ وسلم کے مسنون و معتدل طرز عمل کو اختیار کر لیتا تو وہ میرے لیے زیادہ بہتر ہوتا۔ اعتدال اور استقامت میں گہرا ربط ہے، جب کوئی کام اعتدال و توازن سے کیا جاتا ہے تو اس میں تسلسل باقی رہتا ہے، وہ نفس کے لیے گراں نہیں بنتا، افراط و تفریط دین و دنیا دونوں کے لیے نقصان دہ ہے، اس لیے شریعت نے درمیانہ روی کی تعلیم دی ہے تاکہ یکسانیت کے ساتھ کام کا سلسلہ جاری رہے، تھوڑے کام سے چستی اور نشاط باقی رہتا ہے اور عبادت میں

یہی مطلوب بھی ہے، اسی لیے آپ صلی اللہ علیہ وسلم نے ارشاد فرمایا: جب تم میں سے کسی کو اونگھ آنے لگے اور وہ نماز پڑھ رہا ہو تو چاہیے کہ سو جائے یہاں تک کہ نیند پوری ہو جائے کیوں کہ جب کوئی اونگھتے ہوئے نماز پڑھتا ہے تو نہیں جانتا کہ شاید وہ مغفرت طلب کرے پس اپنے لیے بد دعا کرنے لگے۔ (مشکوٰۃ صفحہ: ۱۱۱)

انسان پر جب نیند کا غلبہ ہو جاتا ہے تو زبان پر قدرت کھو بیٹھتا ہے، پھر زبان سے کیا نکل رہا ہے اسے کچھ معلوم نہیں ہوتا، اس سے نہ صرف خشوع و خضوع متاثر ہوتا ہے بلکہ اللہ کی طرف سے توجہ مکمل ہٹ جاتی ہے اور نفع و نقصان سے بھی غافل ہو جاتا ہے، یہی حال ہر تھک جانے والے عمل میں ہوتا ہے، اس لیے جب تک نشاط باقی رہے، اس وقت تک نماز پڑھنے کا حکم دیا گیا ہے، جس نماز میں دل و دماغ ہمہ تن اللہ کی طرف متوجہ رہے اس سے زبردست روحانی قوت و طاقت، کیف و سرور اور سکون و اطمینان حاصل ہوتا ہے خواہ وہ دو ہی رکعت کیوں نہ ہو، اسی لیے کہا جاتا ہے کہ کبھی کبھی ایک سجدہ بھی انسان کی تقدیر کو بدل دیتا ہے لیکن شرط ہے اخلاص، خوف خدا اور صحیح رغبت کہ اس کے بغیر اللہ کے نزدیک کوئی عمل مقبول نہیں ہے۔

اس پہلو پر بھی نظر رہے کہ نفل عبادت میں مشغول ہونے کے سبب فرائض اور واجبات میں کوتاہی درست نہیں ہے، اس لیے نفل عبادت اتنی ہی انجام دینی چاہیے کہ فرائض متاثر نہ ہوں۔ سلیمان نامی ایک صحابی روزانہ فجر کی نماز جماعت کے ساتھ پڑھا کرتے تھے، ایک دن وہ نماز میں نہیں آئے، اتفاق سے سویرے حضرت عمر فاروقؓ کا ان کے مکان سے گذر ہوا، انہوں نے ان کی والدہ سے نماز میں نہ آنے کی وجہ دریافت کی، ان کی والدہ نے بتلایا کہ وہ ساری رات نماز پڑھتے رہے تھے، آخر شب آنکھ لگ گئی اور سو گئے، حضرت عمرؓ نے فرمایا: میں تو صبح کی نماز باجماعت پڑھنے کو ساری رات نماز پڑھنے

سے زیادہ پسند کرتا ہوں۔(شرح ریاض الصالحین صفحہ:۴۶۲)

بے اعتدالی اور غلو ہر جگہ نقصان دہ ہے، اس لیے عبادت اور ذکر و اذکار میں بھی اس بات کی خاص طور پر تاکید کی گئی ہے کہ اتنا اختیار کیا جائے جو نفس کے لیے بوجھ نہ بنے، فرائض اور واجبات کی مکمل پابندی کے ساتھ اسے انجام دے سکے اور ہمیشہ پابندی کرتا رہے، جس کو استقامت اور استقلال کہا جاتا ہے، جو زندگی کے ہر شعبہ میں درکار ہے، مستقل مزاجی سے انسان دین اور دنیا دونوں جگہ آگے بڑھتا اور کامیاب ہوتا ہے، تاریخ میں جتنے بھی قابل رشک افراد ملیں گے ان کی زندگی میں مستقل مزاجی آپ کو ضرور ملے گی۔

***

اسلام کا رشتہ سب سے مضبوط رشتہ ہے

اسلام کی آمد سے قبل لوگ مختلف قبیلوں، خاندانوں اور گھروں میں بٹے ہوئے تھے، ہر قبیلہ اور ہر خاندان اپنے قبیلے اور خاندان کے لوگوں کو "اپنا" تصور کرتے تھے، ان کی نظر میں دوسرے قبیلے کے افراد "بیگانے" تھے، یہی وجہ ہے کہ جب بھی کسی قبیلے کے ایک فرد کا دوسرے قبیلے کے کسی شخص سے جھگڑا ہوتا تو دونوں طرف سے تمام قبیلے والے اٹھ کھڑے ہوتے اور جب تک بدلہ نہ لیتے، چین سے نہیں بیٹھتے تھے، گویا قبائل عرب میں نسلی اور نسبی رشتوں کو مرکزِ وحدت سمجھا گیا، قریش ایک قوم اور بنو تمیم دوسری قوم سمجھی جاتی تھی اور کہیں رنگ کا امتیاز اس وحدت کا مرکز بن رہا تھا کہ کالے لوگ ایک قوم اور گورے دوسری قوم سمجھے جاتے، کہیں وطنی اور لسانی وحدت کو مرکزِ اتحاد بنایا گیا تھا اور کہیں آبائی رسم و رواج کو اپنائیت اور اتحاد کا اصل اور معیار قرار دیا گیا تھا، لیکن جب اسلام آیا تو اس نے رنگ و نسل، زبان و وطن، خاندان اور دوسرے امتیازی نشانات کو مٹا دیا۔ اب امتیاز کی علامت اسلام تھا، یعنی ایک گروہ وہ جو اسلام کو ماننے والا تھا اور دوسرا وہ جو اس کا منکر تھا۔ اسلام کی آمد کے بعد اسلام اور کفر کو اتحاد کا معیار قرار دیا گیا، یعنی جو لوگ توحید پرست ہیں وہ سب آپس میں بھائی بھائی ہیں، خواہ ان کا تعلق کسی بھی نسل کسی بھی قوم اور زبان سے ہو اور جنہوں نے وحدانیت و رسالت کا اقرار نہیں کیا، وہ غیر ہیں، خواہ وہ خاندانی اور نسلی اعتبار سے حقیقی بھائی ہی کیوں نہ ہوں۔ حضرت بلال رضی اللہ عنہ جو پہلے غلام اور حبشہ کے رہنے والے تھے، اللہ تعالیٰ نے اسلام کے

سبب انہیں وہ عزت عطا فرمائی کہ حضرت عمر فاروق رضی اللہ عنہ جیسی عظیم شخصیت انہیں یا سیدنا (اے ہمارے آقا) کے لفظ سے خطاب کرتے اور رسول اکرم صلی اللہ علیہ وسلم جب معراج سے تشریف لائے تو ان سے فرمایا کہ میں نے جنت میں تمہارے قدموں کی آواز سنی ہے۔ (مشکوٰۃ: ۵۷۴)

حضرت صہیب رضی اللہ عنہ ملکِ روم سے تشریف لائے تھے، لیکن جب اسلام سے وابستہ ہو گئے تو انہوں نے بڑا اونچا مقام پایا۔ ایران کے رہنے والے حضرت سلمان فارسی رضی اللہ عنہ کے بارے میں آپؐ نے ارشاد فرمایا: سلمان منّا اہل البیت یعنی سلمان فارسی ہمارے گھر والوں میں شامل ہیں۔ یہ اور اس طرح کی بے شمار مثالیں ہیں جن سے واضح ہوتا ہے کہ اسلام نے رنگ و نسل اور زبان و وطن کے بتوں کو توڑ دیا اور تمام رشتوں سے اسلام کو سب سے مضبوط رشتہ قرار دیا۔ یہی وجہ ہے کہ سچے دل سے اسلام کے بعد شریعتِ اسلامی نے عربی، فارسی، ترکی، ہندی اور دیگر قوموں کو ایک رشتے سے جوڑ دیا اور سب کو اِنّما المؤمنون اِخوۃ (تمام مسلمان بھائی بھائی ہیں) کہہ کر ایک دوسرے کے تئیں ہمدردی، محبت اور حسن سلوک کی تاکید کی۔ اس کے برعکس ابولہب کے احوال دیکھئے، وہ نہ صرف عربی النسل اور قریش ہے بلکہ خاندانِ نبوت سے اس کا گہرا رشتہ ہے، پھر بھی قرآن کریم میں اس پر لعنت نازل ہوئی اور اللہ کی نظر میں اسے ناپسندیدہ اور ملعون قرار دیا گیا، اس لیے کہ کفر ایسی ناپاک شئے ہے جس سے کبھی سمجھوتہ نہیں کیا جا سکتا۔

قرآن نے مؤمنین کی صفت یہ بیان کی ہے کہ وہ لوگ جو کافر اور مشرک ہیں ان سے یہ دوستی اور تعلق نہیں رکھتے، خواہ وہ ان کے والدین، حقیقی بھائی بہن اور رشتہ دار ہی کیوں نہ ہوں، اس لیے کہ اسلام کا رشتہ، خون کے رشتے سے بھی زیادہ مضبوط اور مستحکم

ہے۔ ارشاد ہے:

"لَا تَجِدُ قَوْمًا یُّؤْمِنُوْنَ بِاللّٰہِ وَالْیَوْمِ الْآخِرِ یُوَادُّوْنَ مَنْ حَادَّ اللّٰہَ وَرَسُوْلَہٗ وَلَوْ کَانُوْا آبَائَہُمْ اَوْ اَبْنَائَہُمْ اَوْ اِخْوَانَہُمْ اَوْ عَشِیْرَتَہُمْ ۔ (سورہ المجادلۃ، آیت: ۲۲) "جو لوگ اللہ اور یومِ آخرت پر ایمان رکھتے ہیں، آپ انہیں نہ پائیں گے کہ وہ ایسوں سے دوستی رکھیں جو اللہ اور اس کے پیغمبر کے مخالف ہیں، خواہ وہ لوگ ان کے باپ یا ان کے بیٹے یا ان کے کنبے والے ہی کیوں نہ ہوں۔"

یہی مضمون سورہ آلِ عمران آیت ۲۸ اور سورہ ممتحنہ کی ابتدائی آیات میں بیان کیا گیا ہے، صحابۂ کرام رضی اللہ عنہم اجمعین کے بیشتر ایسے واقعات ہیں جن سے معلوم ہوتا ہے کہ جہاں اسلام اور کفر کی بات آگئی ان لوگوں نے ہمیشہ اسلام کا ساتھ دیا، اسلام کے رشتے کو فوقیت دی اور کفر سے بیزاری اختیار کی، خواہ وہ اپنے گھر اور خاندان کا ہی مسئلہ کیوں نہ ہو، جیسے غزوۂ بنی مصطلق ۵ ھ میں سفر سے واپسی میں عبد اللہ بن اُبی جو منافقین کا سردار تھا، اس کی زبان سے رسول اکرم صلی اللہ علیہ وسلم کی شان میں یہ جملہ نکل گیا کہ "ہم مدینہ جب لوٹ کر جائیں گے تو عزت والا وہاں سے بے عزت لوگوں کو نکال باہر کرے گا" عزت والے سے مراد اس نے اپنے آپ کو اور منافقین کے گروہ کو لیا تھا اور بے عزت سے مراد (نعوذ باللہ) رسول اکرم صلی اللہ علیہ وسلم کی ذاتِ اقدس ؐ اور صحابۂ کرامؓ کو لیا تھا۔ شانِ رسالت میں یہ بڑی گستاخی تھی، اس لیے حضرت عمر فاروق رضی اللہ عنہ نے تجویز پیش کی کہ اس کا سر قلم کر دیا جائے۔ یہ خبر عبد اللہ بن اُبی کے بیٹے کو پہنچی، جن کا نام بھی عبد اللہ تھا اور یہ پکے مسلمان تھے۔ یہ فوراً آنحضرت صلی اللہ علیہ وسلم کی خدمت میں حاضر ہوئے اور عرض کیا کہ اگر آپ کا ارادہ میرے باپ کو اس کی اس گفتگو کے نتیجے میں قتل کرنے کا ہے تو آپ مجھے حکم دیجیے میں اپنے باپ کا سر کاٹ کر آپ کی

خدمت میں اس سے پہلے کہ آپؐ اپنی مجلس سے اٹھیں پیش کر دوں گا، اس لیے کہ مجھے اللہ اور اس کے رسولؐ کے خلاف ان کی کوئی چیز برداشت نہیں ہو سکتی۔ آپؐ نے فرمایا: نہ میرا ارادہ اس کے قتل کا ہے نہ میں نے کسی کو اس کا حکم دیا ہے۔

ایک روایت میں ہے کہ جب رسول اللہ صلی اللہ علیہ وسلم مدینہ طیبہ کے قریب وادیٔ عتیق میں پہنچے تو عبد اللہ بن اُبی منافق کے مؤمن صاحبزادے حضرت عبد اللہ آگے بڑھے اور تمام سواریوں میں تلاش کرتے ہوئے اپنے باپ کی سواری کے قریب پہنچ کر باپ کی اونٹنی کو بٹھا دیا اور اس کے گھٹنے پر پاؤں رکھ کر باپ سے خطاب کیا کہ خدا کی قسم! تم مدینہ میں داخل نہیں ہو سکو گے جب تک رسول اللہ صلی اللہ وسلم تمہیں داخل ہونے کی اجازت نہ دیں اور جب تک تم یہ بات واضح نہ کرو کہ تم نے جو بات کہی ہے کہ عزت والا ذلت والے کو نکال دے گا، اس میں عزت والا کون ہے؟ رسول اللہ صلی اللہ علیہ وسلم یا تم؟ کچھ دیر کے بعد جب آپؐ کا وہاں سے گذر ہوا تو دیکھا کہ عبد اللہ ابن اُبی منافق، اپنے بیٹے سے مجبور ہو کر یہ کہہ رہا ہے کہ میں تو بچوں اور عورتوں سے بھی زیادہ ذلیل ہوں ۔رسول اللہ صلی اللہ علیہ وسلم نے یہ سن کر صاحبزادے سے کہا کہ ان کا راستہ چھوڑ دو، مدینہ جانے دو، تب بیٹے نے راستہ چھوڑا۔

باپ سے کس بیٹے کو محبت نہیں ہوتی، عبد اللہ بن اُبی کے مؤمن صاحبزادے کو بھی اپنے باپ سے کافی محبت تھی، بالخصوص اس لیے کہ وہ صحابی تھے اور ایک صحابی کو والدین کے مراتب اور درجات سے مکمل واقفیت ہوتی ہے، لیکن جب ان کی زبان سے رسول اللہ صلی اللہ علیہ وسلم کی مبارک شان میں گستاخانہ کلمہ سنا تو وہ برداشت نہیں کر سکے، اس لیے کہ آپؐ کی عظمت و محبت پر تمام محبتیں قربان ہیں اور اسلام کا رشتہ خاندانی اور خون کے رشتے سے بھی زیادہ مضبوط و مستحکم ہے، جب دونوں رشتے آپس میں ٹکرا جائیں تو اسلام

کے رشتے کو اختیار کیا جائے گا، کیوں کہ یہی ایمان وعقائد کا خلاصہ ہے۔

حضرت ابو بکر رضی اللہ عنہ کے والد نے ایک موقع پر رسول اللہ صلی اللہ علیہ وسلم کی شان میں کچھ گستاخانہ کلمہ کہہ دیا تو حضرت ابو بکرؓ جو بہت ہی رحم دل انسان تھے، تحمل نہ کر سکے، ان کو غصہ آگیا اور زور سے ایک طمانچہ رسید کیا، جس سے ابو قحافہ گر پڑے۔ آپؐ کو اس کی اطلاع ملی تو فرمایا: آئندہ ایسا نہ کرنا۔ حضرت ابو عبیدہ بن جراح رضی اللہ عنہ کے والد جراح، غزوۂ احد میں کفار کے ساتھ مسلمانوں کے مقابلے کے لیے آئے تو میدانِ جہاد میں وہ بار بار حضرت ابو عبیدہ کے سامنے آتے، وہ ان کے درپے تھے، یہ سامنے سے ہٹ جاتے، جب انہوں نے مسلسل یہ صورت اختیار کی تو ابو عبیدہ نے اپنے باپ کو قتل کر دیا۔ حضرت مصعب بن عمیر رضی اللہ عنہ نے خود اپنے بھائی عبید بن عمیر کو اُحد کے دن اپنے ہاتھ سے قتل کیا تھا۔ اس طرح کے کتنے ایسے واقعات ہیں کہ مسلمانوں نے خود اپنے ہاتھوں سے اپنے ہی کافر رشتہ داروں کو قتل کیا ہے، کیوں کہ اسلام کا رشتہ اصل رشتہ ہے، جس پر دنیا کے تمام رشتے قربان ہیں۔ (قرطبی:۱۸/ ۱۹۹)

ابو سفیان ایک مرتبہ حالتِ کفر میں اپنی بیٹی ام المؤمنین حضرت امّ حبیبہ رضی اللہ عنہا سے ملنے کے لیے مدینہ آئے، اپنی بیٹی کے گھر پہنچ کر رسول اللہ صلی اللہ علیہ وسلم کے بستر پر بیٹھنا چاہا، حضرت امّ حبیبہؓ نے بستر لپیٹ دیا، یہ دیکھ کر ابو سفیان نے پوچھا: کیا بات ہے؟ کیا تم نے مجھے اس بستر کے قابل نہیں سمجھا یا تم اس بستر کو میرے لائق نہیں سمجھتی؟ حضرت امّ حبیبہؓ نے فرمایا کہ یہ رسول اللہ صلی اللہ علیہ وسلم کا مبارک بستر ہے، جب کہ آپ مشرک ہیں، مجھے یہ گوارا نہیں کہ آپ رسول اللہ صلی اللہ علیہ وسلم کے بستر پر بیٹھیں۔ ابو سفیان نے کہا: بیٹی میرا ساتھ چھوٹنے کے بعد تمہارے اندر بگاڑ آگیا ہے۔

(ابن ہشام: ۲/ ۳۹۶)

حضرت اسماء بنتِ ابی بکر صدیق رضی اللہ عنہا سے روایت ہے کہ ان کی والدہ بحالتِ کفر مکہ مکرمہ سے مدینہ طیبہ آئیں اور اپنی بیٹی اسماء کے لیے کچھ تحفے ساتھ لائی تھیں، حضرت اسمائؓ نے ان کا تحفہ قبول کرنے سے انکار کر دیا، بلکہ اپنے گھر میں داخل ہونے کی بھی اجازت نہیں دی، یہاں تک کہ رسول اللہ صلی اللہ علیہ وسلم سے معاملہ بیان کیا تو آپؐ نے فرمایا کہ اپنی والدہ کے ساتھ صلہ رحمی کرو، اس کے بعد انہوں نے اپنی والدہ کو اندر آنے کی اجازت دی۔ (صحیح بخاری) واضح رہے کہ امّ المومنین حضرت عائشہ صدیقہ رضی اللہ عنہا، حضرت ابو بکر رضی اللہ عنہ کی دوسری بیوی امّ رومان کے بطن سے تھیں اور یہ مسلمان ہو گئی تھیں۔

مذکورہ دونوں واقعات سے اندازہ کیا جا سکتا ہے کہ مردوں کی طرح عورتوں اور صحابیات میں بھی یہی جذبہ کارفرما تھا کہ اسلام کا رشتہ سب سے بڑا رشتہ ہے، جس نے اسلام قبول کر لیا در حقیقت وہی بھائی اور بہن کہلانے کے لائق ہے اور جس نے کفر کو اختیار کیا وہ اس قابل نہیں کہ اس کی عزت و تکریم کی جائے، غرض اسلام نے تمام بنی نوعِ انسان کو صرف دو حصوں میں تقسیم کیا ہے، ایک مسلمان اور دوسرے مشرک اور کافر۔ اس کے علاوہ خاندانی، وطنی، علاقائی، لسانی اور دوسری دیواریں منہدم کر دی گئیں، محض خاندان، وطن یا زبان اس قابل نہیں کہ اسے عزت و امتیاز اور تشخص کی علامت قرار دیا جائے، اگر کوئی اسے نصرت و تعاون کی بنیاد قرار دیتا ہے تو وہ غلط راہ پر ہے، جس کی اسلام میں گنجائش نہیں، وطنی یا نسبی قومیت کی بنیاد پر تعاون و تناصر جاہلیت کا طریقہ ہے، اس کے ترک کا حکم دیا گیا ہے۔

ایک غزوہ میں مسلمانوں کا لشکر ایک پانی کے چشمے کے اردگرد جمع تھا، کسی بات پر ایک مہاجر اور ایک انصاری میں جھگڑا ہو گیا، مہاجر نے مہاجرین کو یاللمہاجرین اور انصاری

نے انصار صحابہ کو یاللانصار کہہ کر پکارا، دونوں کی مدد کے لیے کچھ افراد پہنچ گئے اور قریب تھا کہ مسلمانوں کے درمیان فتنہ کھڑا ہو جائے۔ رسول اللہ صلی اللہ علیہ وسلم کو جب اس کا علم ہوا تو فوراً موقع پر تشریف لے گئے اور سخت ناراضگی کے ساتھ فرمایا: ابدعوی الجاہلیۃ و انا بین اظہرکم "میری موجودگی میں تم لوگ جاہلیت کا نعرہ لگاتے ہو اور فرمایا: دعوہا فإنہا منتنۃ۔ "اس نعرے کو چھوڑ دو، یہ بدبودار نعرہ ہے۔" (صحیح مسلم)

یہ ایک حقیقت ہے کہ شریعت، مہذب اور شریفانہ القاب بہر طور پسند کرتی ہے اور ہر طرح اس کی حوصلہ افزائی کرتی ہے، لیکن جب ان القاب پر عصبیت کی گہری چھاپ پڑ جاتی ہے اور ان لفاظ و القاب کو غلط مقصد کے لیے استعمال کیا جاتا ہے تو ان کا استعمال ناجائز اور ترک واجب ہو جاتا ہے۔ انصار اور مہاجر کا لفظ حقیقت اور معنی کے اظہار کے لیے ہے اور رسول اللہ صلی اللہ علیہ وسلم نے انصار اور مہاجرین کے لیے ان کی خصوصیات میں الگ الگ جملے بھی ارشاد فرمائے ہیں، مگر ان جملوں کے استعمال میں عصبیت کی راہ دینا غلط تھا، اس لیے آپؐ نے اس طرح کی نعرہ بازی سے منع فرمایا۔ زمانۂ جاہلیت میں حسب و نسب اور خاندان و قبیلہ کی بنیاد پر تعاون کا سلسلہ جاری تھا، جس کو عصبیت کہا جاتا ہے۔ جو شخص متعصب ہوتا ہے اس کے پیش نظر یہ بات نہیں ہوتی کہ کون حق پر ہے اور کون ناحق ہے، بلکہ اپنی خاندانی، وطنی محبت کو بنیاد بناتے ہوئے اپنے تعاون کا اسے مستحق سمجھتا ہے اور اس کا ہر اعتبار سے مدد کرنے کو لازم سمجھتا ہے، جیسا کہ ایک صحابی نے عصبیت کے بارے میں سوال کیا تو آپؐ نے فرمایا کہ عصبیت یہ ہے کہ تم ظلم پر اپنی قوم و جماعت کی حمایت کرو۔ اس کی مذمت بیان کرتے ہوئے آپؐ نے دوسرے موقع پر ارشاد فرمایا: "وہ ہم میں سے نہیں ہے جو عصبیت کی دعوت دے، نہ وہ شخص ہم میں سے ہے جو عصبیت کے سبب جنگ کرے، اسی طرح وہ شخص بھی ہم میں

سے نہیں ہے جو عصبیت کی حالت میں مر جائے۔"

رسول اکرم صلی اللہ علیہ وسلم نے اپنے آخری خطبۂ حجۃ الوداع میں اعلان فرمایا کہ جاہلیت کی سب رسمیں میرے قدموں کے نیچے مسل دی گئی ہیں، اب عربی عجمی، کالے گورے، ملکی غیر ملکی کے امتیازات کے بت ٹوٹ چکے ہیں، باہمی تعاون و تناصر کی اسلامی بنیاد صرف حق و انصاف ہے، جس کے تابع سب کو چلنا ہے۔ یہی اخوتِ اسلامی ہے، جس نے عرب و عجم، کالے اور گورے، دولت مند اور غریب، مرد و عورت، بڑے اور چھوٹے مختلف بولیوں کے بولنے والے اور الگ الگ تہذیبی و تمدنی شناخت رکھنے والے دنیا بھر کے مسلمانوں کو ایک کلمہ پر جمع کر رکھا ہے، جس کو ختم کرنے اور توڑنے کی آج مختلف جہات سے کوششیں کی جا رہی ہیں اور مخالف طاقتیں بہت حد تک اس میں کامیاب نظر آ رہی ہیں، مسلمانوں میں کہیں وطنی اور لسانی تعصب ہے تو کہیں ملکی اور خاندانی عصبیت نے راہ پالی ہے، جس کے سبب مسلمانوں کی قوتیں منتشر ہو گئی ہیں، مختلف گروہوں اور جماعتوں میں منقسم ہو کر اسلام کا اتحاد بکھر گیا ہے اور اہل توحید خانہ جنگی کے شکار ہو گئے ہیں، جس سے باطل طاقتوں کو مزید اپنے حربے استعمال کرنے کا موقع حاصل ہو رہا ہے، اس لیے ضرورت ہے کہ تمام مسلمان ذاتی، خاندانی اور ملکی رنجش سے بالاتر ہو کر سوچیں اور اس بات کو عام کریں کہ اسلام کا رشتہ سب سے مضبوط رشتہ ہے، کوئی مسلمان خواہ کسی ریاست کسی ملک یا کسی بھی زبان و خاندان اور ملک سے وابستہ ہو، وہ ہماری ہمدردی اور غمخواری کا مستحق ہے، اس کے ساتھ جذبۂ اخوت کا معاملہ کیا جانا چاہیے کہ یہی مسلمان قوموں کے عروج و بلندی کا راز ہے۔

***

مسلمانوں کے لیے کامیابی کا واحد راستہ

فتح مکہ ۸ھ کی بات ہے، رسول اکرم ﷺ نے خانۂ کعبہ کو بتوں سے پاک کرنے کے بعد حضرت بلالؓ کو حکم دیا کہ بیت اللہ کی چھت پر چڑھ کر اذان دو اور اپنے خاص اسلوب میں اللہ کی کبریائی اور وحدانیت کو باآواز بلند بیان کرو کہ عرصۂ دراز سے یہ دیار توحید کے نغموں سے خالی ہے، مؤذنِ رسول حضرت بلالؓ آپ ﷺ کا حکم پاکر کعبہ کی چھت پر چڑھ گئے اور اذان دینے لگے، حضرتِ بلال چوں کہ رنگ کے اعتبار سے سیاہ تھے اس لئے حارث بن ہشام نے طنزیہ لہوجے میں کہا: کیا محمد (ﷺ) کو اس کالے کوے کے سوا کوئی آدمی نہیں ملا جو مسجد حرام میں اذان دے اور بھی بعض قریش مکہ جو ابھی تک مسلمان نہیں ہوئے تھے، انہوں نے حضرت بلال کے ذریعے اذان دیئے جانے پر ناگواری کا اظہار کیا، اس لئے کہ ان کے لئے یہ ایک نیا واقعہ تھا کہ ایک غلام، رنگ کے کالے حبشی کو یہ مقام دیا جائے کہ کعبہ کی چھت پر چڑھ کر اذان دینے کا اسے شرف حاصل ہو، اس پر قرآن کریم کی یہ آیت نازل ہوئی: يَاأَيُّهَا النَّاسُ إِنَّا خَلَقْنَاكُم مِّن ذَكَرٍ وَأُنثَىٰ وَجَعَلْنَاكُمْ شُعُوبًا وَقَبَائِلَ لِتَعَارَفُوا إِنَّ أَكْرَمَكُمْ عِندَ اللَّهِ أَتْقَاكُمْ (الحجرات: ۱۳) "اے لوگو! ہم نے تم سب کو ایک مرد اور ایک عورت سے پیدا کیا البتہ تم سب کو مختلف قوموں اور مختلف خاندان میں تقسیم کیا تاکہ تم ایک دوسرے کی شناخت کر سکو، بلا شبہ تم میں سب سے زیادہ محترم اللہ کے نزدیک وہ ہے جو سب سے زیادہ پرہیز گار ہو۔"

یعنی زمانۂ جاہلیت میں تمہارے نزدیک حسب و نسب اور قومیت فخر و عزت کی چیز

تھی اور یہی تمہارے لئے بڑائی کا معیار تھا، اسلام میں اس کی کوئی اہمیت نہیں ہے، اسلام میں برتری اور فضیلت کا محور خاندان اور قبیلہ نہیں، ایمان اور تقویٰ ہے، ایمان کے بعد جو جتنا متقی ہے اسی قدر اللہ کے نزدیک وہ باعزت اور قابل قدر ہے اور حضرت بلالؓ چوں کہ صاحبِ ایمان اور متقی ہیں اس لئے ان کا مقام کفار قریش سے بڑھا ہوا ہے، خواہ وہ غلام، حبشی اور رنگ کے کالے ہی کیوں نہ ہوں، اس لئے خانۂ کعبہ کی چھت پر چڑھ کر اذان دینا شریعت اسلامی کی نظر میں کوئی امر تعجب نہیں۔

مذکورہ آیت میں ایک جامع تعلیم انسانی مساوات کی ہے کہ کوئی انسان دوسرے کو کمتر یا رذیل نہ سمجھے اور اپنے نسب اور خاندان یا مال و دولت وغیرہ کی بناء پر فخر نہ کرے کیوں کہ در حقیقت تمام انسان ایک ہی ماں باپ کی اولاد ہونے کی حیثیت سے بھائی بھائی ہیں اور جب تمام انسان آپس میں بھائی بھائی ہیں تو پھر تفاخر اور خاندانی فوقیت کا کیا مطلب ؟ ہاں، البتہ مختلف قبائل اور خاندانوں میں نوع انسان کو تقسیم کرنے کی حکمت یہ ہے کہ آپس میں لوگوں کے لئے تعارف اور شناخت آسان ہو جائے مثلاً ایک نام کے دو شخص ہیں تو خاندان کے تفاوت سے ان میں امتیاز ہو سکتا ہے اور اس کے دور اور قریب کے رشتوں کا علم ہو سکتا ہے، رسول اکرم ﷺ نے یہی مفہوم حجۃ الوداع کے ایام تشریق میں واضح طور پر ارشاد فرمایا تھا: یا ایھا الناس الا ان ربکم واحد الا ان اباکم واحد الا لا فضل لعربي علی عجمي ولا لعجمي علی عربي ولا لاسود علی احمر ولا لاحمر علی اسود الا بالتقویٰ ان اکرمکم عند اللہ اتقاکم (الدر المنثور: ۷/۵۷۹) "اے لوگو! سنو تم سب کا رب ایک ہے، تم سب ایک ہی باپ کی اولاد ہو، کسی عربی کو عجمی پر یا عجمی کو عربی پر فوقیت حاصل نہیں اور نہ ہی کسی کالے کو گورے پر اور نہ گورے کو کالے پر برتری اور فضیلت حاصل ہے سوائے تقویٰ کے، بے شک تم میں سب سے باعزت اللہ کے نزدیک وہ شخص ہے جو سب سے زیادہ متقی

اور پرہیز گار ہو"۔

اسلام کے علاوہ دیگر تمام مذاہب میں رنگ وروپ اور نسل وخاندان کو بڑی اہمیت دی گئی ہے، اس لئے ان کے ہاں ذات پات کو فضل وبرتری کا معیار قرار دیا گیا ہے، غیر مسلموں میں ایک برہمن کو جو مرتبہ حاصل ہے وہ دوسروں کو نہیں، یہ تصور یکے بعد دیگرے تمام طبقات میں پایا جاتا ہے، یہی وجہ ہے کہ غیر مسلموں میں نیچی ذات کے لوگ اس بات کا استحقاق نہیں رکھتے کہ وہ بڑی ذات والوں کے ساتھ مل کر کھائیں پئیں، شادی بیاہ اور دیگر زندگی کی رسم ایک ساتھ انجام دیں، اسلام نے یہ تصور یکسر مٹا دیا ہے اور بڑائی کا معیار ایمان اور تقویٰ کو رکھا، ایک قریشی یا سید جو مسلمان نہیں یا مسلمان ہے مگر اتباعِ رسول میں کمی وکوتاہی کرتا ہے تو اس سے بہتر اور افضل وہ شخص ہے جو سید تو نہیں ہے اور نہ ہی کسی اعلیٰ خاندان اور اعلیٰ قبیلے سے اس کا تعلق ہے مگر اس کے دل میں اللہ کا خوف اور سنت سے محبت کا جذبہ پایا جاتا ہے گویا رسول اکرم ﷺ نے حجۃ الوداع کے موقع پر اپنے تاریخی ارشاد کے ذریعے معاشرے میں پھیلے ہوئے امتیازات اور تعصبات کی جڑ کاٹ دی کہ یہ فلاں خاندان اور قبیلے سے تعلق رکھنے والا ہے اور میرا فلاں خاندان اور قبیلے سے تعلق ہے، یا یہ فلاں وطن کا باشندہ ہے اور میں دوسرے وطن کا رہنے والا ہوں، یعنی زبان، وطن، خاندان، قبیلہ، مسلک یا اس جیسی کوئی چیز اسلام میں شرافت اور عزت ومرتبہ کا معیار نہیں اور نہ اس کی بنیاد پر کسی انسان کو دوسرے پر فوقیت وبرتری کا درجہ دیا جا سکتا ہے البتہ تقویٰ اور کامل دین داری ایسا وصف ہے جو کسی انسان کو معزز، مکرم اور افضل وبرتر قرار دے سکتا ہے، جو لوگ خاندان، قبیلہ یا وطن اور زبان کو اپنی بڑائی کی بنیاد قرار دیتے ہیں یا ان کے سبب آپس میں تفریق کو جائز قرار دیتے ہیں، وہ زمانۂ جاہلیت کی راہ پر چل رہے ہیں، اسلامی تعلیمات پر وہ عمل پیرا نہیں، خواہ وہ اپنے

آپ کو نیک اور صالح ہی کیوں تصور نہ کریں۔

انصار کے دو قبیلے اوس اور خزرج میں اسلام سے قبل بڑی شدت سے جنگ چلتی تھی لیکن اسلام نے دونوں کو شیر و شکر بنا دیا، وہی لوگ جو قبیلے اور خاندان کی بنیاد پر ایک دوسرے کے خون کے پیاسے تھے اب بے مثال ہمدرد اور غمخوار بن گئے، ایک مرتبہ ایک یہودی سماس بن قیس جو مسلمانوں سے بہت کینہ رکھتا تھا، اس نے ایک مجلس میں اوس اور خزرج کو ایک جگہ مجتمع و متفق دیکھا تو حسد سے بے چین ہو گیا، اس نے آپس میں لڑانے کی تجویز سوچی اور اسلام سے قبل دونوں کے درمیان پیش آئی ہوئی جنگ کا تذکرہ چھیڑ دیا جس سے دونوں کے جذبات بھڑک اٹھے اور قریب تھا کہ لڑائی ہو جاتی۔ رسول اکرم ﷺ کو جب اس کا علم ہوا تو آپ ﷺ ان کے پاس تشریف لے گئے اور فرمایا کہ مسلمان ہونے اور باہم متفق و مانوس ہونے کے بعد یہ کیا جہالت ہے، کیا تم میرے ہوتے ہوئے کفر کی طرف دوبارہ عود کرنا چاہتے ہو، اس ارشاد سے وہ لوگ متنبہ ہو گئے اور سمجھا کہ یہ شیطانی حرکت تھی، ایک دوسرے کے گلے لگ کر بہت روئے اور توبہ کی، اس پر سورہ آل عمران کی چند آیتیں (۱۰۰ تا ۱۰۳) نازل ہوئیں، جن میں باہمی اتفاق و اتحاد اور تفرق و اختلاف سے بچنے کی ہدایت دی گئی اور اسلام کو ایک عظیم نعمت سمجھنے کا حکم دیا گیا کہ صدیوں کی عداوتیں اور کینے نکال کر اللہ تعالیٰ نے اسلام اور نبی اکرم ﷺ کی برکت سے بھائی بھائی بنا دیا جس سے تمہارے دین و دنیا درست ہو گئے اور ایسی دوستی قائم ہوئی جسے دیکھ کر تمہارے دشمن مرعوب ہوئے اور یہ برادرانہ اتحاد خدا کی اتنی بڑی نعمت ہے جو روئے زمین کا خزانہ خرچ کر کے بھی میسر نہ آ سکتی تھی۔

ان آیات میں مسلمانوں کو اس بات کا پیغام دیا گیا ہے کہ جہاں تک ہو سکے آپس میں اتحاد اور یکجہتی کی راہ پیدا کی جائے، اخوت اور بھائی چارگی کا معاملہ کیا جائے اس لئے

کہ اتحاد کسی گروہ کی سب سے بڑی طاقت ہے، اس کے بغیر کوئی بڑا کام انجام نہیں دیا جا سکتا، اتحاد نہ ہو تو مسلمان دنیا میں اپنا کوئی مقام نہیں بنا سکتے ہیں اور نہ ہی غیروں پر ان کا رعب بیٹھ سکتا ہے بلکہ آپسی اختلاف وانتشار سے دوسروں کی نظر میں یہ ہلکے پڑ جائیں گے اور جب جو چاہے ان کو لقمۂ تر سمجھ بیٹھیں گے، اس سے اسلام کا شیرازہ بکھر جائے گا اور خدائی قانون میں استحکام پیدا نہیں ہو گا، یہی وجہ ہے کہ مختلف نصوص شرعیہ میں توحید پرستوں کو اتحاد کی دعوت دی گئی ہے اور مختلف نوعیتوں سے ان کو یکجہتی اور سیسہ پلائی ہوئی دیوار بننے پر ابھارا گیا ہے جس سے معلوم ہوتا ہے کہ اتحاد اللہ تعالیٰ کو سب سے زیادہ محبوب ہے وہ دنیا کی عزت ہے اور آخرت کی بھی، نماز جو اہم ترین عبادت ہے، اس کی وضع قطع اور ہیئت سے بھی اتحاد کا بڑا پیغام ملتا ہے کہ تکبیر کہنے کے ساتھ ہی مسجد میں منتشر تمام افراد ایک امام کے پیچھے ایک نیت کے ساتھ کھڑے ہو جاتے ہیں، خواہ مالدار ہو یا غریب، کالا ہو یا گورا، کسی خاندان اور کسی بھی قبیلے سے اس کا تعلق ہو، سب ایک صف میں شامل ہیں، ہر شخص کا رخ ایک ہے، ہر شخص ایک ہی آواز پر حرکت کر رہا ہے، سب متحد ہو کر ایک ساتھ اٹھتے، ایک ساتھ بیٹھتے اور ایک ساتھ اپنے رب کے آگے جھک جاتے ہیں، یہ عملی مشق اس لئے ہے تاکہ مسجد کے باہر آنے کے بعد بھی تمام مسلمانوں کے دل ملے رہیں، ایک منصوبہ کے تحت سب کام کریں، اس سے بھی زیادہ سبق حج کے موقع پر دنیا بھر سے جمع ہوئے لاکھوں افراد سے ملتا ہے جن میں دنیا کے ہر ملک کے مسلمان شامل ہوتے ہیں، کسی اختلاف کے بغیر سب خانۂ کعبہ کا طواف کرتے ہیں، قیام عرفہ، منیٰ ومزدلفہ اور دوسرے ارکان حج کی ادائیگی میں سب شانہ بشانہ چل رہے ہیں، یہ ایسی عظیم اور مکمل اجتماعیت ہے جس کی مثال کسی بھی دوسرے مذہبی یا غیر مذہبی گروہ کے یہاں نہیں ملتی، لیکن یہ بھی عجیب بات ہے کہ مسلمانوں میں اتحاد کے اتنے شان دار

امکانات کے باوجود اختلاف کا ایک سیلاب ہے جو بند ہونے کا نام نہیں لیتا، کہیں خاندانی اور گروہی اختلاف ہے تو کہیں لسانی اور وطنی بندش، کہیں مسلکی دیواریں اس طرح کھڑی کر دی گئی ہیں کہ ایک شخص دوسرے مسلک کے گروہ کو دیکھنا بھی پسند نہیں کرتا، آج ساری دنیا میں مسلمان ہی وہ گروہ ہیں جو سب سے زیادہ غیر متحد ہیں، نہ کوئی دنیوی مقصد ان کو متحد کرنے میں کامیاب ثابت ہو رہا ہے اور نہ کوئی اخروی مقصد، اس کی بڑی وجہ یہ ہے کہ ہر آدمی اپنا چلانا چاہتا ہے، دوسروں کو برداشت کرنے کا جذبہ نہیں، بڑا بننے کا یہی جذبہ اتحاد کے راستہ کی اصل رکاوٹ ہے اگر انسان کے دل و دماغ سے یہ بات نکل جائے کہ میری ہی رائے یا میری چیز کا صحیح ہونا ضروری نہیں تو اس سے دوسروں کو سمجھنے کے مواقع فراہم ہوں گے، غلط فہمیاں دور ہوں گی اور اتحاد و اتفاق کی راہ ہموار ہو گی، اسی کے ساتھ یہ پہلو بھی قابل غور ہے کہ جزوی اور فروعی اختلاف آج کی نئی پیداوار نہیں بلکہ چودہ سو سال پہلے صحابۂ کرام کی مقدس جماعت میں اس کا وجود تھا اور ہر عہد میں یہ سلسلہ باقی رہا ہے جسے اللہ کی جانب سے اس امت کے لئے رحمت قرار دیا گیا ہے اس سے معلوم ہوتا ہے کہ جزوی اختلاف برا نہیں بلکہ ایسا ہونا ایک فطری امر ہے مگر اسے آپسی نفرت و عداوت کا ذریعہ قرار دینا جس سے آدمی انصاف کے تقاضوں کو بھول جائے اور آپس میں ایک دوسرے کے خلاف جارحانہ کارروائی کرنے لگے، یہ قابل مذمت اور اسلام کی نظر میں سنگین جرم ہے، اسلام چاہتا ہے کہ آپسی جزوی اور فروعی اختلاف کو فراموش کرتے ہوئے تمام مسلمان بھائی بھائی بن جائیں اور یہ دل سے باور کر لیں کہ ہم سب ایک ہی ماں باپ کی اولاد ہیں، کسی کو کوئی دکھ یا تکلیف پہنچے تو اسے دوسرے لوگ اپنا مسئلہ سمجھیں اور اسے حل کرنے کی اجتماعی طور پر کوئی صورت نکالیں۔

یہ ایک حقیقت ہے کہ جب زیادہ انسان ایک محاذ پر جمع ہوں گے تو لازمی طور پر

رایوں میں اختلاف ہو گا، تھوڑی بہت ایک دوسرے کو تکلیف پہنچے گی، کہیں تنقید سننی پڑے گی کہیں اپنی شکست پر صبر کرنا ہو گا، کہیں اپنے مقابلہ میں دوسروں کو ترجیح دینی ہو گی یعنی اجتماعی مصلحت کی خاطر اپنی ذاتی مفاد کو قربان کرنے کے ساتھ بے شمار قسم کی ناخوش گواریاں برداشت کرنی ہوں گی تو کہیں اتحاد و یکجہتی اور اجتماعیت قائم ہو سکتی ہے ورنہ اپنی "انا" کی بت دماغ میں رکھ کر افتراق اور انتشار کے بجائے اتحاد کبھی ہاتھ نہیں آسکتا، آج اتحاد و اتفاق کی باتیں سب کرتے ہیں لیکن جہاں اپنے مفاد کی قربانی کا وقت آتا ہے یا اپنے کو چھوٹا بنانا پڑتا ہے تو تمام جذبات سرد پڑ جاتے ہیں، رسول اکرم ﷺ کے وصال کے بعد جب خلافت کا مسئلہ درپیش آیا تو حضرت عمر فاروقؓ نے اپنے تمام تر فضائل کے باوجود حضرت ابو بکرؓ کی خلافت کی طرف ہاتھ بڑھایا، حقیقت میں حضرت ابو بکرؓ بڑے بھی تھے اور خلافت کے مستحق بھی، تاہم حضرت عمر فاروقؓ اگر خلافت کا دعویٰ کر بیٹھتے تو کچھ لوگ ضرور ان کے طرفدار ہوتے مگر اس سے امت میں اتحاد پیدا نہیں ہو سکتا تھا، اسی طرح محض امت کو انتشار سے بچانے کے لئے حضرت حسن بن علیؓ حضرت معاویہؓ کے حق میں دست بردار ہو گئے، حالانکہ حضرت حسنؓ کو ہزاروں لوگ ماننے اور چاہنے والے تھے، یہ سلسلہ جب تک باقی رہا مسلمانوں میں ناقابل تسخیر قوت تھی اور جب ذاتی بڑائی اور خود پسندی کا جذبہ پیدا ہوا تو اسلام کی طاقتیں منتشر ہو کر بے معنی ہو گئیں، اللہ تعالیٰ نے اس نتیجے سے بہت پہلے ہی خبر دار کیا تھا: وَاَطِیْعُوا اللّٰہَ وَرَسُوْلَہٗ وَلَا تَنَازَعُوْا فَتَفْشَلُوْا وَتَذْهَبَ رِيْحُكُمْ وَاصْبِرُوْا اِنَّ اللّٰہَ مَعَ الصّٰبِرِيْنَ (الانفال:۴۶) "اے مسلمانو! اللہ اور اس کے رسول کی اطاعت کرو اور آپس میں جھگڑا نہ کرو ورنہ تمہارے اندر کمزوری آجائے گی اور تمہاری ہوا اکھڑ جائے گی اور صبر کرو، اللہ صبر کرنے والوں کے ساتھ ہے" ــــ مسلمان اگر مل جل کر رہتے تو آج وہ ایسی طاقت بن جاتے جس پر

دوسروں کو ہاتھ ڈالنے کی ہمت نہ ہوتی اور ان کو زیر کرنا آسان نہ ہوتا جیسا کہ آج ہر طرف مسلمانوں کے ساتھ خفت کا معاملہ کیا جاتا ہے، آیت میں اتحاد کا راز صبر بتایا گیا ہے یعنی ایک آدمی جب اجتماعیت میں شامل ہو گا تو ممکن ہے کہ درمیان میں طرح طرح کی شکایتیں پیدا ہوں اور جذبات کو ٹھیس پہنچے ایسے وقت ضرورت ہے کہ صبر سے کام لیں اور اپنے مفاد کے خلاف عمل ہونے کے باوجود اجتماعیت کو ترک نہ کیا جائے۔

حضرت انس بن مالکؓ سے روایت ہے کہ رسول اللہ ﷺ نے ارشاد فرمایا: آپس میں ایک دوسرے سے بغض نہ کرو، ایک دوسرے سے حسد نہ کرو، ایک دوسرے سے پیٹھ نہ پھیرو، سب اللہ کے بندے اور بھائی بھائی بن جاؤ، کسی مسلمان کے لئے جائز نہیں کہ اپنے بھائی کو تین دن سے زیادہ چھوڑے یعنی اس سے کلام نہ کرے۔ (ابوداؤد) آپس میں بات چیت ترک نہ کرنے، حَسد اور بغض سے پرہیز کرنے، ایک دوسرے سے ہمدردی، محبت، اخوت و بھائی چارگی قائم کرنے اور اس جیسے مضامین پر مشتمل جتنی احادیث وارد ہوی ہیں ان تمام کا مقصد یہ ہے کہ کلمۂ توحید کے پرستار سب آپس میں ایک ساتھ مل کر رہیں، کبھی اگر وقتی طور پر اختلاف ہو بھی تو اسے بھول جائیں اور سب ایک بدن اور ایک جان بن کر زندگی گزاریں، اس سے زندگیوں میں اللہ کی رحمت نازل ہوگی اور دین کے دشمنوں کو اسلام کے قلعے میں نقب لگانے کا موقع نہیں ملے گا۔

ہندوستان کے مسلمان اتنے کمزور نہیں ہیں جتنا وہ سمجھتے ہیں، معاشی، صنعتی ترقی، مال و دولت، تعلیم و تربیت اور تعداد کے اعتبار سے بھی قابل لحاظ ہیں اور ہر آئے دن مسلمانوں میں دینی و دنیوی شعور بڑھتا جا رہا ہے مگر گروہی اور مسلکی انتشار کے سبب ان کی ترقی اور حیثیت نمایاں نہیں ہو پاتی، وہ بکھرے ہوئے شعاعوں کی طرح زندگی گزار رہے ہیں، ان کے درمیان ایسی منصوبہ بندی نہیں کہ ہر ایک کی جد و جہد پوری ملت کے

لئے مفید بن سکے، ہر شخص اپنی اپنی سمت سفر طے کر رہا ہے لیکن اگر یہی سب مجتمع ہو جائیں تو یہ شعاعیں شعلہ بن کر دنیا کو جگمگا سکتی ہیں، ضرورت یہ ہے کہ مسلکی، وطنی، لسانی اور ذاتی مفاد سے بالاتر ہو کر اتحاد اور اجتماعیت کی راہ پیدا کی جائے کہ یہی مسلمانوں کی کامیابی اور انقلاب کا واحد راستہ ہے، اس کے بغیر مسلمانوں کا وجود بے معنی ہے۔

قیدیوں کے حقوق

اسلام سراپا رحمت اور شفقت ہے، اس مذہب میں عدل واحسان کی بارہا تاکید کی گئی ہے اور یہی اس مذہب کی روح ہے، ظلم و زیادتی، ناحق مار پیٹ، ستانا اور کسی کو خواہ مخواہ پریشان کرنا اس مذہب میں جائز نہیں، اسلام کی نظر میں مرد وعورت امیر وغریب، محتاج اور غنی سب برابر ہیں، کسی کو کسی پر فوقیت حاصل نہیں، اس لئے کسی امیر کو غریب کے ساتھ ناروا سلوک کرنے کی اجازت نہیں دی گئی اور نہ ہی کسی صاحب طاقت کو بے کس اور کمزوروں پر اپنی طاقت استعمال کرنے کا حق دیا گیا ہے یہاں تک کہ بے زبان جانوروں پر شفقت اور رحمت کا حکم دیا گیا ہے، رسول اکرم صلی اللہ علیہ وسلم نے اپنے مختلف ارشادات کے ذریعہ جانوروں پر ظلم و زیادتی سے منع فرمایا ہے، حضرت جابر بن عبد اللہ کا بیان ہے کہ ایک مرتبہ نبی اکرم صلی اللہ علیہ وسلم کے قریب سے ایک گدھا گذرا جس کے چہرے کو داغ دیا گیا تھا، اس کے دونوں نتھنوں سے خون کا فوارہ چھوٹ رہا تھا، آپؐ نے یہ دیکھ کر فرمایا: اللہ اس شخص پر لعنت کرے جس نے یہ حرکت کی، پھر آپؐ نے ممانعت فرمائی کہ نہ تو چہرے کو داغا جائے، نہ چہرے پر مارا جائے۔ (زادراہ صفحہ ۷۲)

جانور کو مثلہ کرنے، اس پر نشان نہ بازی کرنے اور طاقت سے زیادہ بوجھ لادنے سے منع کیا گیا، اس کی بھی ممانعت ہے کہ ایک جانور کو دوسرے جانور کے سامنے ذبح کیا

جائے تاکہ اسے اپنے ذبح کئے جانے کا احساس اور اس کی تکلیف نہ ہو، اگر جانور ذبح کیا جائے تو پہلے چھری تیز کرنے کی ہدایت دی گئی کہ ذبح کرتے ہوئے جانور کو زیادہ تکلیف نہ ہونے پائے، غور کرنے کی بات ہے کہ شریعت نے ایک جانور کے ساتھ کس قدر محبت وشفقت کا حکم دیا ہے، یہ اس لیے کہ کوئی انسان یہ خیال نہ کرے کہ یہ بے زبان کمزور اور ناتواں مخلوق ہے، اس پر جس طرح بھی ہو سکے زیادتی درست ہو گی، بلکہ دیکھا جائے تو کتا ایک نجس جانور ہے لیکن ایک جاندار مخلوق کی حیثیت سے وہ بھی سزاوار رحم وکرم ہے اور اگر کوئی اس کے ساتھ اچھا سلوک کرتا ہے تو وہ بھی موجب اجر ہے، مشہور حدیث ہے کہ پہلے زمانے میں ایک بدکار عورت نے پیاس سے ہانپتے ہوئے ایک کتے کو بڑی مشقت سے پانی پلایا تھا، اللہ نے اس کی قدر دانی کی اور اسے بخش دیا، لوگوں نے پوچھایا رسول اللہ! کیا جانوروں کے پانی پلانے میں بھی ہمیں اجر ملے گا، آپؐ نے فرمایا ہر تر جگر رکھنے والے جاندار کے پانی پلانے میں ثواب ہے۔ (مؤطا امام محمد، کتاب اللقط)

اسلام میں جب ایک جانور کے ساتھ اس طرح حسن سلوک کی تاکید ہے تو انسان کے ساتھ رحم وکرم کی کس قدر تاکید ہو گی، انسانیت کا احترام جانور کے بہ نسبت زیادہ ہے، یہی وجہ ہے کہ جانی دشمنوں کے ساتھ بھی کوئی ایسا معاملہ نہیں کیا جائے گا جو انسانیت کے خلاف ہو جیسے ان کا مثلہ کرنا، آگ میں جلانا، پیاس سے تڑپانا، غیر انسانی سزا دینا وغیرہ۔ ایک مرتبہ رسول اکرم صلی اللہ علیہ وسلم کے سامنے سے ایک یہودی جنازہ گذرا، آپؐ بیٹھے ہوئے تھے جب جنازہ پر نظر پڑی تو آپؐ کھڑے ہو گئے، صحابۂ کرام نے سوال کیا یا رسول اللہ! یہ تو ایک یہودی اور غیر مسلم کا جنازہ تھا، اس کے احترام میں کھڑے ہونے کی کیا ضرورت تھی؟ آپؐ نے ارشاد فرمایا الیست نفسا (مشکوۃ صفحہ ۱۴۷)" کیا وہ انسان نہیں ہے" یہاں اگرچہ وہ مسلمان نہیں تھا لیکن آپؐ نے انسانیت کا احترام کیا

ہے، جس سے معلوم ہوتا ہے کہ کفر و شرک کے باوجود آدمیت کے اوصاف اور ان کا احترام باقی رہے گا، یہی وجہ ہے کہ شریعت اسلامی نے غلاموں کے ساتھ نیک برتاؤ کی تاکید کی ہے خواہ وہ کافر ہوں یا مسلمان، حضرت ابوذرؓ فرماتے ہیں کہ نبی کریم صلی اللہ علیہ وسلم نے ارشاد فرمایا: جن کو اللہ تعالیٰ نے تمہارا دست نگر اور ماتحت بنایا ہے وہ تمہارے بھائی ہیں یعنی لونڈی غلام اور خدمت گار، اس کو وہ اپنے کھانے میں سے کھلائے اپنے کپڑے میں سے پہنائے، اس کو ایسے کام کی تکلیف نہ دے جس سے وہ تھک جائے، اگر اسے ایسے کام کی تکلیف دے جس سے وہ تھک جائے تو پھر خود اس کی امداد کرے یعنی ہاتھ بٹائے۔ (صحیح بخاری کتاب الوصایا) ایک شخص نے آنحضرت صلی اللہ علیہ وسلم کی خدمت میں حاضر ہو کر عرض کیا یارسول اللہ! میں غلام کا قصور کتنی مرتبہ معاف کروں، آپؐ خاموش رہے، کچھ جواب نہ دیا، اس نے دوبارہ یہی پوچھا، آپؐ پھر خاموش رہے تیسری مرتبہ آپؐ نے فرمایا ہر روز ستر بار (ترمذی: ۱۶/۲) حضرت علیؓ کا ارشاد ہے کہ سرکار دوعالم صلی اللہ علیہ وسلم کے جو الفاظ آخری وقت تک زبان مبارک پر جاری تھے اور جس کے بعد آپ ﷺ خالق حقیقی سے جا ملے، وہ یہ الفاظ تھے الصلوۃ، الصلوۃ، اتقوا اللہ فیما ملکت ایمانکم "نماز کا خیال رکھو، اپنے زیر دست غلاموں کے بارے میں اللہ سے ڈرو" غلام جو من وجہٍ قیدی ہے اس کے ساتھ حسن سلوک کرنے اور ظلم و زیادتی نہ کرنے کی تاکید کی گئی ہے، اس کو ادب اور تعلیم و تربیت دینا، ضرورت سے زیادہ اور بے وقت کام نہ لینا، کھانے پینے اور عبادات کے لئے فرصت فراہم کرنا بلکہ اپنے بھائی جیسا سلوک کرنا اسلام کی تعلیم ہے، اسلام سے قبل اور بعد کے ایام میں بھی غیروں کی نظر میں غلاموں کی کوئی حیثیت نہیں تھی، ان کا تصور بالکل نادار مفلس اور معاشرے سے خارج فرد کی طرح تھا جس کو انسانی حقوق بھی حاصل نہ ہوں، یہی وجہ ہے کہ زمانۂ جاہلیت

میں جانوروں کی طرح ان کے ساتھ سلوک کیا جاتا تھا اور آج بھی خادموں اور ناداروں کے ساتھ بھی یہی سلوک برتا جاتا ہے مگر اسلام نے غلاموں کو انسانیت کے اعتبار سے مساوی حقوق فراہم کیا اور ان کے بارے میں آقاؤں کو ایسی ہدایات دیں کہ دنیا کے کسی مذہبی قانون میں اس کی نظیر نہیں ملتی، مشہور مستشرق موسیو گستاولیبان اپنی کتاب تمدن عرب میں لکھتا ہے:

"غلام کا لفظ جب کسی ایسے یورپین شخص کے سامنے بولا جاتا ہے جو ۳۰ سال کے دوران لکھی ہوئی امریکی روایتوں کو پڑھنے کا عادی ہے تو ان کے دل میں ان مسکینوں کا تصور آجاتا ہے جو زنجیروں میں جکڑے ہوئے ہیں، ان کے گلوں میں طوق پڑے ہیں اور انہیں کوڑے مار مار کر ہنکایا جارہا ہے، ان کی غذا ان کی سدرمق کے لئے بھی کافی نہیں ہے اور انہیں رہنے کے لئے تاریک کوٹھریوں کے سوا کچھ میسر نہیں، مجھے یہاں اس سے بحث نہیں کہ یہ تصویر کس حد تک درست ہے اور انگریزوں نے چند سالوں سے امریکہ میں جو کچھ کیا ہے یہ باتیں اس پر صادق آتی ہیں یا نہیں؟ لیکن یہ بالکل یقینی بات ہے کہ اہل سلام کے یہاں غلام کا تصور نصاریٰ کے یہاں غلام کے تصور سے بالکلیہ مختلف فیہ ہے" (معارف القرآن: ۲۵/۸)

غلاموں اور قیدیوں کا معاملہ تقریبا یکساں ہے لہذا غلاموں کے ساتھ جس طرح حسن سلوک کئے جانے کی ہدایات وارد ہیں، انسان ہونے کے اعتبار سے قیدیوں کے ساتھ بھی حتی الامکان حسن سلوک روا رکھا جائے گا، قیدیوں سے کوئی ایسا برتاؤ نہ کیا جائے جو غیر انسانی ہے، کیوں کہ جرائم تو بہر حال انسان سے ہی ہوتے ہیں، جانوروں سے نہیں ہوتے، اس لئے انسانیت کا احترام بہر حال لازم ہے، جس طرح غلام سے غلامیت کے باوجود آدمیت کے خواص باطل نہیں ہوتے، اسی طرح قیدیوں سے انسانیت باطل

نہیں ہوگی وما کان من خواص الآدمیۃ فی الرقیق لا یبطل بل یبقی علیٰ اصل الحریۃ۔ (فتح القدیر: ۴۴/۳) ایک انسان کو انسان ہونے کی حیثیت سے جن چیزوں کی ضرورت پڑتی ہے اسے بہر حال فراہم کی جائیں گی جیسے پیٹ بھر کھانا، پیاس بجھانے کے لئے پانی فراہم کرنا، تن ڈھانکنے کے لئے کپڑا مہیا کرنا وغیرہ۔ لہٰذا قیدیوں کو بھوکا، پیاسا رکھنا یا بے لباس کرنا جائز نہیں، رسول اکرم صلی اللہ علیہ وسلم نے بنی قریظہ کے قیدیوں کے بارے میں اپنے صحابۂ کرام کو ہدایت دیتے ہوئے ارشاد فرمایا تھا: احسنو اسارھم وقیلوھم واسقوھم وقال لا تجمعوا علیھم حر ھذا الیوم وحر السلاح (الموسوعۃ الفقھیۃ: ۱۹۸/۴)

"انہیں خوش اسلوبی سے اور حسن سلوک سے قید کرو، انہیں آرام کا موقع دو، کھلاؤ، پلاؤ اور تلوار اور اس دن کی گرمی دونوں کو یکجا مت کرو" جن دنوں میں بنو قریظہ کے قیدیوں کو قید کیا گیا تھا، وہ گرمی کے ایام تھے، تپش زیادہ تھی، اس لئے آپؐ نے بطور خاص دن کی گرمی دھوپ اور قیلولہ کے لئے مواقع فراہم کرنے کی تاکید فرمائی، کیوں کہ گرمی کے ایام میں قیدیوں کی گرمی کا خیال نہ رکھنا، انہیں دھوپ میں چھوڑ دینا بلکہ آرام کا موقع نہ دینا بھی غیر انسانی حرکت ہے اور قیدیوں کے ساتھ غیر انسانی حرکت جائز نہیں۔ معلوم ہوا کہ قیدیوں کو الکٹرک شاٹ لگانا، قیدیوں پر کتے چھوڑنا، قیدیوں کو سخت ٹھنڈک میں برف کی سلوں پر ڈال دینا، حد سے زیادہ مار پیٹ کرنا، مسلسل جگے رہنے پر مجبور کرنا یا ان کی جائے رہائش میں تیز روشنی یا تیز آواز کا انتظام کرنا شرعاً درست نہیں ہے۔

چوری، قتل وغارت گری، زناکاری شراب نوشی ظلم وزیادتی اور اس طرح کے دیگر جرائم یقیناً اسلام کی نظر میں بھی انتہائی شنیع اور قابل مذمت ہیں ان کے مرتکبین سخت سے سخت سزا کے مستحق ہیں لیکن شریعت نے اس کے بھی حدود متعین کئے ہیں اور

ان میں اہم چیز انسانیت کا احترام ہے، ہر وہ سزا جس سے آدمیت کی توہین ہوتی ہو جائز نہیں ہے۔ اسیران بدر میں ایک شخص سہیل بن عمرو تھا جو نہایت فصیح اللسان تھا اور عام مجمعوں میں آنحضرت صلی اللہ علیہ وسلم کے خلاف تقریریں کیا کرتا تھا، حضرت عمرؓ نے کہا یا رسول اللہ! اس کے دو نیچے کے دانت اکھڑوا دیجئے کہ پھر اچھا نہ بول سکے، آپؐ نے فرمایا کہ میں اگر اس کے عضو بگاڑوں تو گو نبی ہوں لیکن خدا اس کی جزا میں میرے اعضاء بھی بگاڑے گا۔ (تاریخ طبری صفحہ ۱۳۴۴) آپؐ کی شان اقدس میں توہین آمیز کلمات کہنا یقیناً بڑا جرم ہے لیکن اس کے باوجود اس کے عوض میں دانت اکھاڑنے کی رائے قبول نہیں کی گئی، اس لئے کہ یہ مثلہ کے دائرے میں آتا ہے، اسی طرح دانت اکھاڑنے سے ایک عضو سے ہمیشہ کے لئے محروم ہو جاتا جو انسانی ضرورت ہے اس سے یہ مستفاد ہوتا ہے کہ قیدیوں کو اس طرح بے تحاشہ نہیں مارا جائے گا اور نہ کوئی ایسی سزا دی جائے گی جس کے سبب ان کا کوئی عضو شل اور ضائع ہو جائے یا ان کے کسی عضو کی منفعت ختم ہو جائے کیوں کہ یہ غیر انسانی اور رحم و کرم کے خلاف ہے۔

اسلام میں حقوق انسانی اور بنیادی آزادی کے تحفظ کا مکمل لحاظ رکھا گیا ہے، غیر انسانی یا ذلت آمیز سلوک کی قطعاً گنجائش نہیں، آج کل دنیا کے مختلف ممالک میں قیدیوں کے ساتھ جو ناروا سلوک کیا جاتا ہے وہ نا مناسب بلکہ ناجائز ہے جیسے قیدیوں کو ٹارچر کرنا، تفتیش و تحقیق کے نام پر الٹا لٹکا دینا، ایسی جگہ قید کرنا جہاں بیٹھنے، لیٹنے اور آرام کرنے کی گنجائش نہ ہو، بے لباس کرنا وغیرہ، ابو غریب جیل میں جو سزائیں دی جاتی ہیں کون سا دل ہے جو ان سزاؤں کی کیفیت سن کر تڑپتا نہ ہو اور ان سزاؤں کی تصویر دیکھ کر رونگٹے کھڑے نہ ہوتے ہوں، دیگر شعبہائے حیات کی طرح اس شعبے میں بھی اسلام نے عدل و احسان پر مبنی تعلیمات اور اصول پیش کیا ہے اس سلسلے میں جنگ بدر کے قیدیوں

کے احوال پیش کئے جا سکتے ہیں، مشہور سیرت نگار علامہ شبلی نعمانیؒ اسیران بدر کے ساتھ صحابۂ کرام کے سلوک کا ذکر کرتے ہوئے لکھتے ہیں:

"صحابہ نے ان کے ساتھ یہ برتاؤ کیا کہ ان کو کھانا کھلاتے تھے اور خود کھجور کھا کر رہ جاتے تھے، ان قیدیوں میں ابو عزیز بھی تھے جو حضرت مصعب بن عمیر کے بھائی تھے ان کا بیان ہے کہ مجھ کو جن انصاریوں نے اپنے گھر میں قید کر رکھا تھا، جب صبح یا شام کا کھانا لاتے تو روٹی میرے سامنے رکھ دیتے اور خود کھجوریں اٹھا لیتے، مجھ کو شرم آتی اور میں روٹی ان کے ہاتھ میں دیتا لیکن وہ ہاتھ بھی نہ لگاتے اور مجھ ہی کو واپس دیتے اور یہ اس بناء پر تھا کہ آنحضرت صلی اللہ علیہ وسلم نے تاکید کی تھی کہ قیدیوں کے ساتھ اچھا سلوک کیا جائے" (سیرۃ النبی: ۱/۳۳۰)

ایسے لوگ جو جنت میں جائیں گے، ان کے اوصاف بیان کرتے ہوئے ایک وصف یہ بھی بیان کیا کہ وہ لوگ قیدیوں کو کھانا کھلاتے تھے ارشاد باری ہے وَيُطْعِمُونَ الطَّعَامَ عَلٰى حُبِّهٖ مِسْكِينًا وَّيَتِيمًا وَّأَسِيرًا (سورۃ الدھر، آیت ۸) "اور کھلاتے ہیں کھانا اس کی محبت پر محتاج کو اور یتیم کو اور قیدی کو" قیدی سے مراد ظاہر ہے کہ وہ قیدی ہے جس کو اصول شرعیہ کے مطابق قید میں رکھا گیا ہو خواہ وہ کافر ہو یا مسلمان مجرم، چوں کہ مجرم قیدیوں کو کھانا کھلانا حکومت کی ذمہ داری ہے، اگر کوئی شخص قیدیوں کو کھلاتا ہے تو گویا اسلامی بیت المال کی اعانت کرتا ہے بالخصوص ابتدائے اسلام میں جب کہ بیت المال کا کوئی منظم نظام نہیں تھا اس لئے صحابۂ کرام میں قیدیوں کو تقسیم کر کے ان کے کھانے پینے اور ضروریات زندگی کی تکمیل کی جاتی تھی، تاہم قرآن و احادیث سے قیدیوں کو زنجیروں سے جکڑنے، ہتھکڑیاں لگانے اور پاؤں میں بیڑیاں لگانے کی اجازت معلوم ہوتی ہے کہ مجرم کی شوکت ختم ہو جائے اور اس کے شر سے لوگ محفوظ رہیں، ارشاد باری ہے،

فَاِذَا لَقِیْتُمُ الَّذِیْنَ کَفَرُوْا فَضَرْبَ الرِّقَابِ حَتّٰی اِذَا اَثْخَنْتُمُوْهُمْ فَشُدُّوْا الْوَثَاقَ (سورہ محمد، آیت ۴)"سو جب تمہارے مقابلہ کافروں سے ہو جائے تو ان کی گردنیں مار چلو یہاں تک کہ جب ان کی خوب خونریزی کر چکو تو خوب مضبوط باندھ لو"

حضرت ابو ہریرہؓ فرماتے ہیں کہ نبی اکرم صلی اللہ علیہ وسلم نے فوج کا ایک دستہ قبیلۂ نجد کی طرف روانہ فرمایا، ان لوگوں نے یمامہ کے رئیس ثمامہ بن اثال کو گرفتار کر لیا، ان کو مدینہ لے کر آئے اور مسجد نبوی کے ایک ستون سے اچھی طرح باندھ دیا، رسول اللہ صلی اللہ علیہ وسلم نے اس پر کوئی نکیر نہیں فرمائی بلکہ جب ان کے پاس سے آپؐ کا گذر ہوتا تو سوال کرتے ماذا عندک یا ثمامۃ؟"تمہارا میرے بارے میں کیا خیال ہے "__ وہ جواب میں کہتے کہ آپؐ کے بارے میں میرا اچھا اور بہتر خیال ہے، اگر آپ ﷺ قتل کریں تو ایک واجب القتل کو قتل کریں گے اور اگر آپ چھوڑ دیں تو ایک شکر گذار شخص کو چھوڑیں گے اور اگر آپؐ کو مال و دولت مطلوب ہے تو فرمائیے مال حاضر کر دوں گا، ایمان قبول نہ کرنے کی بنیاد پر مصلحتاً آپؐ نے ان کو تین دن تک اسی طرح ستون میں بندھا ہوا رکھا اور یہی سوال وجواب ہوتا رہا، تیسرے دن آپؐ نے ان کو چھوڑ دینے کی ہدایت دی، وہ قید سے آزاد ہوئے، دل میں آپؐ کی محبت اور ایمان کی الفت گھر کر چکی تھی، غسل کے بعد ایمان قبول کر لیا۔ (سنن ابی داؤد حدیث نمبر ۲۳۳۱)

اس زمانے میں باضابطہ کوئی قید خانہ نہیں تھا، قیدیوں کو اسی طرح باندھ کر بے بس کیا کرتے تھے جس سے معلوم ہوتا ہے کہ قیدیوں کو باندھنا، ہتھکڑیاں پہنانا اور پاؤں میں بیڑیاں ڈالنا جائز ہے فی الحدیث دلالۃ علی جواز الاستیثاق من الاسیر الکافر بالرباط والغل والقید وما یدخل فی معناھا ان خیف انفلاتہ ولم یؤمن شرہ ان ترک مطلقا (عون المعبود: ۷ر۳۳۳) اگر قیدیوں کے بھاگنے یا ان کے بے بس نہ ہونے کا اندیشہ ہو تو ان کو تصرفات

سے روکنے کے لئے قید کرنے کے ساتھ آنکھوں پر پٹی باندھی جاسکتی ہے یا تنہا کسی مکان میں قید کیا جاسکتا ہے علامہ ابن تیمیہ فرماتے ہیں فان الحبس الشرعی لیس ھو السجن فی مکان ضیق وانما ھو تعویق الشخص ومنعہ من التصرف بنفسہ (فتاوی لابن تیمیہ: ۳۹۸/۳۵)

یعنی قید کا اصل مقصد قیدیوں کو اپنے تصرفات اور شرارت سے روکنا ہے اور یہ چاہے جس طرح بھی حاصل ہو جائے اس کے ساتھ معاملہ ویسا کیا جاسکتا ہے اور اس کے لئے تمام قیدیوں کو ان کے ذاتی حالات کے تناظر میں دیکھا جائے گا، ہر قیدی کا مزاج، قوت و طاقت اور منصوبے الگ الگ ہوتے ہیں، اگر کسی قیدی کے بارے میں اطمینان ہو کہ یہ نہیں بھاگے گا تو اسے ہتھکڑی یا بیڑی لگانے کی ضرورت نہیں اور اگر کوئی قیدی طاقتور ہو اور اسے ایک جگہ سے دوسری جگہ منتقل کرنا ہو، فرار ہونے کا احتمال ہو تو اس کی آنکھوں پر پٹی بھی باندھی جاسکتی ہے وغیرہ وغیرہ غرضیکہ اصل مقصد قیدیوں کو زیر کرنا اور ان کی شوکت کو ختم کرنا ہے اس کے لئے جیل میں ڈالنا ضروری نہیں، یہ مقصد جس طرح بھی حاصل ہو وہ قید شرعی میں داخل ہے، ھی کسر شوکۃ العدو ودفع شرہ وابعادہ عن ساحۃ القتال لمنع فاعلیتہ واذاہ ولیمکن افتکاک اسری المسلمین بہ۔ (الموسوعۃ الفقھیۃ طبع کویت: ۱۹۶/۴)

سرکش قیدیوں کو معمولی جسمانی اذیت بھی دی جاسکتی ہے، اس کے جواز پر عہد نبویؐ کے اس واقعے سے روشنی پڑتی ہے کہ نبی اکرم ﷺ نے غزوۂ بدر کے موقع پر قریش کے حالات معلوم کرنے کے لئے بعض صحابہ کو مامور کیا، ان حضرات نے ابو سفیان کے بارے میں معلومات اکٹھا کرنے کی غرض سے ایک غلام کو گرفتار کرلیا اور اس کی پٹائی بھی کرتے رہے آپؐ اس وقت نماز پڑھ رہے تھے، جب نماز سے فارغ ہوئے تو غلام کی پٹائی پر کسی ناراضگی کا اظہار نہیں فرمایا بلکہ فرمایا کہ غلام صحیح کہتا ہے اس کو ابو

سفیان کا علم نہیں۔ (ابو داؤد حدیث نمبر ۲۳۳۲) لیکن یاد رہے کہ کوئی بات اقرار کرانے یا کسی جانکاری کے حصول کے لئے صرف معمولی ضرب ہی لگائی جاسکتی ہے، غیر انسانی مار جیسے ضرب شدید، ٹارچر کرنا، کرنٹ لگانا وغیرہ کسی بھی صورت میں جائز نہیں، ایسے قیدیوں کو زیادہ سے زیادہ طویل عرصے تک کے لئے قید خانہ میں ڈالا جاسکتا ہے یا مصلحت دیکھی جائے اور شر وفساد زیادہ ہو تو قتل کیا جاسکتا ہے جیسا کہ باغیوں کے قتل کی اجازت ہے المقصود من قتال البغاۃ دفع شر ھم فاذاوجد دلیل الشر وھو اجتماعھم وتعسکر ھم یجب دفعھم بالقتال۔ (تبیین الحقائق: ۲/ ۲۹۴ مکتبہ امدادیہ ملتان)

ابن قدامہ حنبلی ایک جگہ قیدیوں سے متعلق بحث کرتے ہوئے لکھتے ہیں:

وہ قیدی جو خود سپردگی سے گریز کرے اور قید کرنے والوں کے احکامات کی بجا آوری سے انکار کرے یا مقابلہ آرائی کے لئے آمادہ ہو جائے تو اسے ساتھ چلنے پر مجبور کیا جائے گا خواہ اس کے لئے طاقت کا استعمال کرنا پڑے اور اگر اس طرح سختی کارگر ثابت نہ ہو تو اسے سزائے موت دی جاسکتی ہے کیوں کہ اس کا زندہ باقی رہنا اہل کفر کے لئے باعث تقویت اور مسلمانوں کے لئے نقصان دہ ثابت ہوگا۔ (المغنی لابن قدامہ: ۸/ ۳۷۷)

اس تجزیئے سے بھی معلوم ہوتا ہے کہ کوئی قیدی جب کنٹرول سے باہر ہو جائے تو اس کو زیر اور ناتواں کرنے کے لئے مصلحتاً کوئی ایسا کام کیا جاسکتا ہے جس سے قیدی کی قوت و شوکت ٹوٹ جائے بشرطیکہ وہ کام غیر انسانی نہ ہو، ان ساری باتوں اور بحثوں پر غور کیا جائے تو قیدیوں سے متعلق دو باتیں واضح ہوتی ہیں (۱) قید کرنے کا مقصد قیدیوں کو زیر کرنا اور ان کی طاقت کو کچلنا ہے، یہ مقصد جس طرح حاصل ہو اس کے ساتھ ویسا معاملہ کیا جاسکتا ہے (۲) مجرموں کا جرم خواہ کتنا بھی سنگین ہو وہ انسان ہی رہتا ہے لہذا سزا دیتے ہوئے ان کی انسانیت کا خیال رکھا جائے اور کوئی غیر انسانی سزا نہ دی جائے۔

دراصل اسلام انسانی حقوق اور بنیادی آزادی کے تحفظ کا پابند کرتا ہے اور کوئی ایسے عمل کی اجازت نہیں دیتا جو حقوق انسانی اور بنیادی آزادی کو متاثر کرتا ہو جیسے انسان کے زندہ رہنے کے لئے مناسب غذا، صاف پانی کی ضرورت ہے، قیدیوں کو اس سے محروم نہیں رکھا جائے گا، اسی طرح علاج و معالجہ، حفظان صحت کے لئے ورزش و تفریح، بیوی سے جنسی تعلق وغیرہ ضروریات زندگی کی تکمیل کی انہیں مکمل اجازت ہوگی کہ یہ چیزیں انسانی حقوق میں داخل ہیں مذہبی امور میں بھی ان سے کوئی تعرض نہیں کیا جائے گا، جس مذہب کو وہ مانتا ہے اس کی یا اس مذہب کے پیشواؤں اور کتابوں کی توہین نہیں کی جائے گی اور نہ دوسرے مذہب کے قبول کرنے پر انہیں مجبور کیا جائے گا، مذہبی کتابوں کے مطالعہ، مذہبی تعلیمات کے مطابق غذا فراہم کرنا، دوسرے قیدیوں کے درمیان دعوت دین یہ سب مذہبی امور ہیں جو انسان کے بنیادی حقوق اور بنیادی آزادی میں شامل ہیں، کسی جرم کے سبب ان کے یہ حقوق ختم نہیں ہوں گے، یہی وجہ ہے کہ عام حالات میں مشرک سے اور ذمی و مستامن سے ان کے عقائد و مذہب سے تعرض کرنے سے رسول اکرم صلی اللہ علیہ وسلم نے منع فرمایا ہے جب کہ شرک بہت بڑا جرم ہے، اس کے باوجود آپؐ نے ان کے انسانی اور بنیادی حقوق سے کوئی تعرض نہیں فرمایا۔

بنیادی حقوق میں اخبارات پڑھنے ریڈیو سننے، فون پر احباب و اقارب سے گفتگو کرنے، دوسرے قیدیوں سے ملاقات، تعلیم اور ہنر سیکھنا بھی داخل ہے ان حقوق سے انہیں محروم نہیں کیا جائے گا البتہ فون پر بات چیت میں اگر اندیشہ ہو کہ اس کے ذریعے وہ سازش کر سکتا ہے تو اسے روک دیا جائے گا، ورنہ عام حالات میں اس کی اجازت ہوگی جیسا کہ شریعت نے عورتوں کو اجازت دی ہے کہ وہ ہفتہ میں ایک بار اپنے والدین سے اور سال میں ایک مرتبہ اپنے دیگر محارم سے ملاقات کر سکتی ہیں اور شوہر کو روکنے کا حق

حاصل نہ ہوگا کیوں کہ یہ ان کا بنیادی حق ہے۔

فلا تخرج الا لحق لھا او علیھا اولزیارۃ ابو یھا کل جمعۃ مرۃ اولمحارم کل سنۃ (در مختار: ۱/۲۰۲) قیدیوں کو قید خانہ سے فرار ہونے کے خوف سے نکلنے کی اجازت تو نہ ہوگی البتہ فون پر بات چیت یا سلاخوں سے رشتہ داروں سے ملاقات سے نہیں روکا جائے گا، اسی طرح حکومت کو چاہئے کہ اخلاقی امور کی طرف بطور خاص توجہ دے مثلاً مردوں اور عورتوں کو الگ الگ قید خانے میں رکھیں تاکہ دونوں کے باہم اختلاط کے سبب مسائل پیدا نہ ہوں، اسی طرح بالغ اور نابالغ بچوں کے قید خانے بھی الگ کئے جائیں کہ جنسی استحصال وہراسانی کی شکایت کا موقع نہ ہو، یہ تمام امور یعنی مذہبی امور، اخلاقی امور، عام سماجی حقوق جسمانی ضروریات وغیرہ انسانی حقوق میں شامل ہیں جن کی فراہمی کی شریعت نے نہ صرف اجازت دی ہے بلکہ مختلف نوعیتوں سے ان کی تاکید کی گئی ہے، چوں کہ انسان کو آزادی جیسی عظیم نعمت سے محروم رکھنا ہی ایک سخت سزا ہے، قید فی نفسہ بہت سے حقوق سے بے انتہاء محرومی کا نام ہے، اسی لئے شریعت نے مخصوص حالات ہی میں قید وبند کی سزا کی اجازت دی ہے جب یہ سزا دے دی گئی تو قیدیوں کے لئے یہی سزا کافی ہے، اب مزید حقوق انسانی یا بنیادی آزادی سے محروم رکھنے کی ضرورت ہے اور نہ ہی شرعاً جائز۔

***

مصیبت کے وقت شرعی ہدایات

حضرت انس بن مالک کا بیان ہے کہ رسول اکرم صلی اللہ علیہ وسلم نے ارشاد فرمایا: جب اللہ تعالیٰ اپنے کسی بندے کے ساتھ بھلائی کرنا چاہتا ہے تو اس کی کوتاہیوں اور خطاؤں کی جلدی سے دنیا ہی میں کسی مصیبت میں گرفتار کر کے سزا دے دیتا ہے اور جب اللہ اپنے کسی نافرمان بندے کے ساتھ برائی کا معاملہ کرنا چاہتا ہے تو اس کے گناہوں کی سزا دنیا میں نہیں دیتے، تاکہ قیامت کے دن اس کے اگلے پچھلے تمام گناہوں کی پوری پوری سزا دی جائے۔ ایک دوسری روایت میں یہ بھی ہے کہ کسی بندۂ مؤمن کے لیے اللہ تعالیٰ کی طرف سے ایسا بلند مقام طے ہو جاتا ہے جس کو وہ اپنے عمل سے نہیں پا سکتا تو اللہ تعالیٰ اس کو جسمانی یا مالی تکلیف یا اولاد کی طرف سے کسی صدمہ اور پریشانی میں مبتلا کر دیتا ہے، پھر اس کو صبر کی توفیق دے دیتا ہے، یہاں تک کہ ان مصائب و تکالیف اور ان پر صبر کرنے کی وجہ سے اس کو اس بلند مقام پر پہنچا دیتا ہے جو اس کے لیے پہلے سے طے ہو چکا تھا۔ (مسندِ احمد وابو داؤد)

اس مضمون پر مشتمل متعدد احادیث وارد ہوئی ہیں، جن سے معلوم ہوتا ہے کہ بیماری، دکھ اور مصیبت انسان کے لیے صرف زحمت ہی نہیں بلکہ رحمت بھی ہے، ظاہری طور پر اگر چہ یہ چیزیں پریشان کن ہوتی ہیں مگر در حقیقت ان کے ذریعہ کسی خیر اور بھلائی کا فیصلہ کیا جاتا ہے، جہاں تک انسان کی نظر نہیں پہنچتی اور وہ جزع فزع میں مشغول ہو جاتا ہے، حالانکہ شریعت نے تاکید کی ہے کہ بندوں کو چاہیے کہ مصیبت کے وقت صبر و

تحمل سے کام لیں، بیماری اور دوسری تکلیفوں اور مصیبتوں کو خدائی تنبیہ سمجھتے ہوئے اپنی اصلاح کی فکر اور کوشش میں لگ جائیں، اگر کوئی گناہ یا نافرمانی سرزد ہوئی ہو تو فوراً اس سے توبہ و استغفار کرنا چاہیے، اسی طرح اگر کسی کی حق تلفی ہوئی ہو تو جلد از جلد اس کی تلافی کرنی چاہیے، تاکہ دنیا ہی میں تمام حقوق ادا ہو جائیں اور آخرت میں مشکلات سے نجات مل سکے، گویا مصیبت اللہ تعالیٰ کی طرف متوجہ کرنے اور ایمان کی پختگی کا ایک ذریعہ ہے، مصائب و آلام کے وقت صبر کرنے کی وجہ سے نہ صرف اللہ تعالیٰ کی رضامندی اور اجر و ثواب حاصل ہوتا ہے بلکہ دل و دماغ کو بے انتہا سکون ملتا ہے، پریشانیوں کے ہجوم کے باوجود جب تصور کر لیا جائے کہ یہ سب اللہ تعالیٰ کی طرف سے ہیں، ان کے وجود میں اللہ تعالیٰ کی مصلحت ہے اور میرے لیے ان میں خیر پوشیدہ ہے تو کوئی وجہ نہیں کہ انسان کو آرام و راحت نہ ملے۔ بلاشبہ ان خیالات کے ساتھ ہی دفعتہً مصیبتوں کا اثر ختم ہو جائے گا اور دماغ کو ٹھنڈک محسوس ہوگی۔ آج لوگ دنیاوی تدابیر و اسباب میں تو سرگرداں رہتے ہیں، مگر خدا کی طرف متوجہ نہیں ہوتے، اللہ تعالیٰ کا نام زبان پر آتا بھی ہے تو گستاخانہ، شکوہ و شکایت اور اظہارِ ناراضگی کے لیے، اس سے خدا کی ناراضگی اور بھی بڑھتی ہے اور اس کے نتیجہ میں مصیبتوں، دکھ اور بیماری میں مزید اضافہ ہوتا ہے۔

یورپ اور مغربی ممالک کے پاس چوں کہ آخرت کا تصور نہیں اس لیے وہاں مصیبت کو بوجھ تصور کیا جاتا ہے، جب یہ احساس بڑھتا ہے تو بے چینی اور بے اطمینانی خود بخود بڑھ جاتی ہے اور پھر یہیں سے یوتھینزیا (Euthanasia) جیسے ناقابل بیان عمل کا آغاز ہوتا ہے، یعنی وہ مریض جو شدید تکلیف میں مبتلا ہو اور اس کے زندہ رہنے کی کوئی توقع نہ ہو، اس کو درد کم کرنے والی تیز دوا اتنی زیادہ مقدار میں دے دی جاتی ہے جس سے مریض کی سانس رک جاتی ہے یا براہِ راست کبھی کبھی زہر کا انجکشن دے دیا جاتا ہے،

تاکہ گھٹ گھٹ کر مرنے کے بجائے ایک ہی دفعہ موت طاری ہو جائے، اس سے مریض کو بھی درد اور تکلیف سے نجات حاصل ہو گی اور ان تیمار داروں کو بھی جو اس کی دیکھ بھال کی وجہ سے الجھے ہوئے تھے۔ یوتھینزیا کی ایک صورت یہ بھی ہے کہ مریض کی جان لینے کے لیے کوئی عملی تدبیر نہیں کی جاتی، بلکہ اسے زندہ رکھنے کے لیے جو ضروری علاج کیا جانا چاہیے وہ نہیں کیا جاتا اور اس طرح وہ مریض مر جاتا ہے۔ ظاہر ہے کہ یہ صورت خودکشی یا قتل نفس کی ہے اور دونوں شرعاً حرام ہیں، رسول اکرم صلی اللہ علیہ وسلم نے مصائب سے پریشان حال لوگوں کو موت کی تمنا سے بھی منع فرمایا۔ ارشاد ہے:

لَا یَتَمَنَّیَنَّ اَحَدُکُمُ الْمَوْتَ مِنْ ضُرٍّ اَصَابَہٗ فَاِنْ کَانَ لَابُدَّ فَاعِلاً فَلْیَقُلْ اَللّٰھُمَّ اَحْیِنِیْ مَاکَانَتِ الْحَیٰوۃُ خَیْرًا لِّیْ وَتَوَفَّنِیْ اِذَا کَانَتِ الْوَفَاۃُ خَیْرًا لِّیْ۔ (صحیح بخاری و مسلم) "تم میں سے کوئی کسی دکھ اور تکلیف کی وجہ سے موت کی تمنا اور دعا نہ کرے، اگر بالکل ہی لاچار ہو تو یوں دعا کرے کہ اے اللہ! میرے لیے جب تک زندگی بہتر ہو اس وقت تک مجھے زندہ رکھ اور جب میرے لیے موت بہتر ہو اس وقت تو مجھے دنیا سے اٹھا لے۔"

مصیبت پر صبر کرنے والوں کو آخرت میں اجر عظیم دینے کا وعدہ کیا گیا ہے، وہ لوگ جو دنیا کی تکلیف اور مشقتوں کو اللہ تعالیٰ کی رضامندی کے لیے برداشت کر لیں، ان کو مصائب کے عوض قیامت کے دن اتنا اجر و ثواب دیا جائے گا کہ دنیا میں عافیت سے رہنے والے لوگ تمنا کریں گے کہ کاش! دنیا میں ہماری کھالیں قینچیوں سے کاٹی گئی ہوتیں۔ (ترمذی)

تیمار داروں کو بھی ہدایت دی گئی ہے کہ ثواب کی نیت سے وہ بیماروں اور کمزوروں کی نگرانی اور خدمت کرتے رہیں، جو شخص محض کسی بیمار کی عیادت کرتا ہے اس کے لیے یہ فضیلت احادیث میں بیان کی گئی ہے کہ صبح عیادت کرنے والے کے لیے شام تک ستر

ہزار فرشتے اس کے لیے دعائیں کرتے رہتے ہیں اور شام عیادت کرنے والے کے لیے صبح تک ستر ہزار فرشتے دعاؤں میں مشغول رہتے ہیں اور ایک روایت کے مطابق عیادت سے لوٹنے تک وہ مسلسل اللہ تعالیٰ کی رحمتوں اور برکتوں سے فیضیاب ہوتا رہتا ہے۔ جب عیادت کرنے والے کا یہ ثواب ہے تو مسلسل مریض کی جھنجھلاہٹ، تلخ مزاجی اور دیکھ بھال کی مشقت برداشت کرنے والوں کے اجر کا کیا اندازہ لگایا جاسکتا ہے؟ اسی کے ساتھ یہ تصور بھی رہے کہ اس کی بھی صحت جب خراب ہوگی اور وہ محتاج ہوگا تو غیب سے اس کے لیے بھی ایسے افراد مہیا کیے جائیں گے جو اس کو سہارا دیں گے اور مصیبت کے وقت کام آئیں گے، غرض بیمار اور تیمار دار دونوں کے لیے ہی بیماری رحمت ہے، اس سے اکتا کر خودکشی یا قتل نفس کا ارتکاب کسی بھی حال میں درست نہیں، لہٰذا شرعی نقطۂ نظر سے یوتھینزیا کی کوئی صورت جائز نہیں ہوگی۔ فقیہ عصر حضرت مولانا قاضی مجاہد الاسلام قاسمیؒ اس موضوع پر بحث کرتے ہوئے لکھتے ہیں:

"زندگی اللہ تعالیٰ کا عطیہ ہے، انسان اس کا مالک نہیں، اس لیے اسے خود کو مار لینے کی اجازت نہیں اور نہ کسی اور کو حق ہے کہ وہ دوسروں کو ناحق قتل کرے، رہا مسئلہ تکلیف اور اذیت کا تو ہر تکلیف واذیت پر صبر اور اسے اللہ تعالیٰ کی رضا کے لیے جھیل جانا ایمان کا تقاضہ اور آخرت میں نجات اور سعادت کا ذریعہ ہے، دوسری طرف اسلام صلہ رحمی کو واجب قرار دیتا ہے، عیادت اور تیمار داری ایک بھائی کا دوسرے بھائی پر حق ہے، ماں باپ کا بڑھاپا اولاد کے لیے جنت کی ضمانت ہے، اس لیے اپنے کسی مریض رشتہ دار ہی کی نہیں بلکہ کسی بھی مریض انسان کی خدمت اور تیمار داری آخرت کی نجات کا ذریعہ ہے، پس مریض کو مرض کی اذیت ہو یا مریض کی تیمار داری میں اٹھائی جانے والی تکلیف، دونوں ہی نعمت ہیں، رحمت ہیں، سعادت و نجات کا ذریعہ ہیں، مؤمن کو اس سے خوشی

ہوتی ہے، لیکن اس ساری صورتِ حال کا تعلق آخرت کے عقیدہ سے ہے، جن کو آخرت پر یقین ہی نہ ہو، جو اس زندگی کو ہی سب کچھ سمجھتے ہوں، جن کے لیے یہاں کی راحت ہی راحت ہے اور یہاں کی تکلیف ہی تکلیف ہے، وہ تکلیف کیوں اٹھائیں، وہاں تو بستی کی بستی اجاڑ دی جاسکتی ہے کہ زندگی مشکل اور گراں بار ہوگئی ہے۔" (مباحثِ فقہیہ: ۷۷۳)

مسلمانوں کے پاس آخرت اور روزِ قیامت کا تصور ہے اور یہ ایسی طاقت ہے کہ تباہ کن مصائب اور حوادثات کے وقت بھی دل بے چین نہیں ہوتا، انہیں یقین ہے کہ انسان صرف تدابیر کا مالک ہے تقدیر کا نہیں اور تقدیر ہمیشہ تدبیر پر غالب رہتی ہے، ہزار جتن کے باوجود وہی ہوگا جو مرضیٔ الٰہی ہے، اس کے ارادے اور خواہش کے بغیر کائنات کا ایک ذرّہ بھی حرکت نہیں کر سکتا، اسی لیے مولانا محمد علی جوہرؔ نے کہا ہے:

ہر رنگ میں راضی بہ رضا ہو تو مزا دیکھ
دنیا ہی میں بیٹھے ہوئے جنت کی فضا دیکھ

***

علماء وصلحاء کی مجلس اختیار کیجیے

صحبت کے اثر سے کسی کو انکار نہیں، یہ حقیقت ہے کہ اچھوں کی صحبت سے انسان اچھا بنتا ہے اور بروں کی صحبت سے برا، فارسی مثل مشہور ہے صحبتِ صالح ترا صالح کند و صحبتِ طالح ترا طالح کند یعنی صالح اور نیک لوگوں کی صحبت تجھے نیک بنائے گی اور برے افراد کی ہم نشینی، ان کے ساتھ میل جول سے تم میں برے اور ناپاک خیالات جنم لیں گے، تمہاری روش اور چال چلن خراب ہو جائے گا، شب وروز کا مشاہدہ بھی ہے کہ کوئی بچہ یا جوان فطری طور پر نیک طبیعت ہو، جب اس کو غلط ماحول مل جاتا ہے، تو رفتہ رفتہ وہ بھی اسی رنگ میں ڈھلنا شروع ہو جاتا ہے، وہی بچہ جو گالی کے نام سے واقف نہیں تھا، برے اور شریر بچوں کی صحبت میں اس کی زبان فحش گالیوں سے آلودہ ہو جاتی ہے، وہی نوجوان جس کو ٹی وی کے نام سے نفرت تھی، چند دنوں سینما باز دوست واحباب کی ہم نشینی اسے بھی سینما اور عریاں فلموں کا عاشق بنا دیتی ہے اسی لیے یہ امر واقعہ ہے جو جس طرح کے دوست و احباب کی صحبت اور میل جول اختیار کرے گا وہی جذبات و خیالات اور وہی ذوق ورجحان اس میں بھی پیدا ہو گا جو دوست میں ہے اور پسند وناپسند کا وہی معیار اس کا بھی بنے گا جو اس کے دوست کا ہے، اس لیے آدمی کو دوست اور مجالس کے انتخابات میں انتہائی غور و فکر سے کام لینا چاہیے اور قلبی لگاؤ ایسے افراد سے بڑھانا چاہیے جن کا ذوق و رجحان، افکار وخیالات اور دوڑ دھوپ دین وایمان کے تقاضوں کے مطابق ہو، جو طبیعت کے نیک اور مزاج کے اچھے ہوں، اگر ان کی نیکی اور صلاح و تقوی مکمل طور پر منتقل نہ

بھی ہوا تو کچھ حصہ ضرور اسے حاصل ہوگا، خوشبو کی دکان میں بیٹھنے والا کبھی محروم نہیں ہوتا، خوشبو نہیں بھی خریدا تو مہک ضرور آئے گی، نبی ٔ اکرم انے اچھے اور برے دوست سے تعلق کی کیفیت کو ایک بلیغ تمثیل میں یوں بیان فرمایا ہے:

"اچھے اور برے دوست کی مثال مشک بیچنے والے اور بھٹی دھونکنے والے لوہار کی طرح ہے، مشک بیچنے والے کی صحبت سے تم کو کچھ فائدہ ضرور پہنچے گا یا مشک خرید وگے یا مشک کی خوشبو پاؤگے لیکن لوہار کی بھٹی تمہارا گھر یا کپڑے جلائے گی یا تمہارے دماغ میں اس کی بدبو پہنچے گی۔" (بخاری و مسلم) ابو داؤد میں اسی کو دوسرے الفاظ میں بیان کیا گیا ہے کہ نیک دوست کی مثال ایسی ہے جیسے مشک بیچنے والے کی دکان کہ اور کچھ فائدہ نہ بھی ہو تو خوشبو ضرور آئے گی اور برا دوست ایسا ہے جیسے بھٹی سے آگ نہ لگے تب بھی دھوئیں سے کپڑے تو ضرور کالے ہو جائیں گے۔

علماء و صلحاء کی مجلس اور صحبت اختیار کرنے والے کبھی ناکام نہیں ہوتے، ان کا علم و تقوی حاصل نہ بھی ہو تو اللہ کی یاد کچھ دیر کے لیے ضرور دل میں پیدا ہوگی، دنیا سے دل و دماغ ہٹ کر آخرت کی طرف لگ جائے گا، چند لمحوں کے لیے ہی سہی، یہ آخرت پر ایمان رکھنے والوں کے لیے بڑی نعمت ہے، اصحاب کہف جن کا پورا واقعہ سورہ کہف میں بیان کیا گیا ہے، وہ جب اپنے ایمان و توحید کے تحفظ کے لیے گھر سے نکلے تو ایک کتا بھی ساتھ ہو گیا، ان نفوس قدسیہ نے ایک غار میں پناہ لی تا کہ ظالم بادشاہ اور اس کے حوارین کی نظر ان پر نہ پڑے، قدرت کی جانب سے ان خدا ترس نوجوانوں کی حفاظت کا مکمل انتظام کیا گیا، صدیوں ان پر نیند طاری کر دی گئی، جب بیدار ہوئے تو حکمراں بدل چکا تھا، مخالف حالات کا خاتمہ ہو چکا تھا، ان نوجوانوں کے ساتھ ساتھ جو کتا گیا تھا وہ اس غار کے دہلیز پر بیٹھا رہا۔ اس پر بھی نیند طاری ہو گئی، قرآن نے بڑی تفصیل سے دلچسپ انداز میں

اس واقعہ کو بیان کیا ہے، ان بزرگوں اور نیک نوجوانوں کا تذکرہ تو ہے ہی، اس کتے کا بھی تذکرہ کیا گیا ہے جو ان کے ساتھ گیا تھا، ارشاد ہے: وَكَلْبُهُم بَاسِطٌ ذِرَاعَيْهِ بِالْوَصِيدِ (سورہ کہف، آیت ۱۸)" اور ان کا کتا دہلیز پر اپنے دونوں ہاتھ پھیلائے ہوئے بیٹھا تھا۔"

شیخ ابوالفضل جوہری فرماتے تھے کہ جو شخص نیک لوگوں سے محبت کرتا ہے ان کی نیکی کا حصہ اس کو بھی ملتا ہے، دیکھو اصحاب کہف کے کتے نے ان سے محبت کی اور ساتھ لگ گیا تو اللہ تعالیٰ نے قرآن کریم میں اس کا ذکر فرمایا (قرطبی ۱۰ / ۲۴۲)

قرآن مجید میں بر سبیلِ خیر کسی کا تذکرہ یقیناً بڑی عزت و شرف کی بات ہے، زمانۂ ماضی میں بیتے ہوئے کسی واقعہ کو قرآن میں حصول عبرت کے لیے پیش کیا جاتا ہے، نوجوان صلحاء جنہوں نے ایمان کی حفاظت کے لیے گھر بار چھوڑ دیا، بلاشبہ تمام مسلمانوں کے لیے اس میں بڑی عبرت ہے، اسی لیے قرآن مجید میں ان افراد کا تذکرہ کیا گیا مگر ساتھ میں کتا بھی تھا، تو ان نیک لوگوں کے تذکرے کے ساتھ اس کتے کا بھی تذکرہ آ گیا جو یقیناً اس کتے کے لیے شرف کی بات ہے، جب ایک کتا صلحاء اور اولیاء کی صحبت سے یہ مقام پا سکتا ہے تو آپ قیاس کر لیں کہ مؤمنین و موحدین جو اولیاء اللہ اور صالحین سے محبت رکھیں، ان کا مقام کتنا بلند ہو گا۔

رسول اکرم ﷺ نے اہل دل علماء اور صلحاء سے محبت رکھنے والے اور ان کی ہم نشینی اختیار کرنے والوں کو کامیابی کی بشارت دی ہے، آپ کا ارشاد ہے هُمُ الْقَوْمُ لَا يَشْقَىٰ بِهِمْ جليسهم یعنی یہ ایسے مقبولان حق ہیں کہ ان کے پاس بیٹھنے والا محروم اور شقی نہیں رہ سکتا، حافظ ابن حجر عسقلانی نے شرح بخاری "فتح الباری" میں اس حدیث کی تشریح کرتے ہوئے لکھا ہے اِن جلیسہم یندرج معہم فی جمیع ما یتفضل اللہ بہ علیہم اکراماً لہم یعنی اہل اللہ اور صالحین کی صحبت میں بیٹھنے والا انہیں کے ساتھ درج ہو جاتا ہے، ان تمام نعمتوں میں جو

اللہ تعالیٰ اللہ والوں کو عطا فرماتا ہے اور یہ دراصل اہل اللہ کا اکرام ہے، جیسے معزز مہمان کے ساتھ ان کے ادنیٰ خدام کو بھی وہی اعلی نعمتیں دی جاتی ہیں جو معزز مہمان کے لیے خاص ہوتی ہیں، اس کے پیش نظر اہل اللہ کے جلیس وہم نشیں کو بھی ان کی برکت سے محروم نہیں فرماتے۔ اگر اللہ والوں کے مکمل اوصاف حاصل نہ بھی ہوئے تو ان کی صحبت کی برکت سے ضرور اپنے گناہوں پر ندامت ہوگی اور توبہ نصیب ہوگی، کبر اور علو کے بجائے تواضع اور ایثار کا جذبہ پیدا ہوگا، بلاشبہ علماء وصلحاء کی مجالس میں بیٹھنے اور ان کی باتوں کو سننے سے دل میں گداز پیدا ہوتا ہے، پتھر کی طرح سخت سے سخت دل بھی موم بن جاتا ہے اور اس قابل ہو جاتا ہے کہ اس میں صلاح وتقوی کی بیج ڈالی جاسکے، سیرت پر نظر رکھنے والوں کو علم ہو گا کہ صحابۂ کرام رضی اللہ عنہم اجمعین کو جو بھی مقام و مرتبہ حاصل ہوا وہ رسول اکرم اکی صحبت کا فیض تھا، وہی حضرت بلالؓ جو پہلے غلام تھے حبشہ سے آئے تھے، شکل و صورت بھی اچھی نہیں تھی لیکن جب انہوں نے کلمہ پڑھ لیا اور حضور اکی مبارک صحبت اختیار کی تو وہ دنیا کے امام بن گئے، حضرت عمر فاروق ص جیسے جلیل القدر صحابی بھی ان کو یا سیدنا کہہ کر مخاطب فرماتے، ان کے علاوہ بھی جتنے صحابۂ کرامؓ کے فضائل و مناقب کتب حدیث میں موجود ہیں، سب کا تعلق رسول اکرم اکی پاک صحبت اور عشق و محبت سے ہے، یہی کیا کم ہے کہ کسی تفریق کے بغیر اللہ تعالیٰ نے آپ اکے فیضان صحبت اور مجالس کی بنیاد پر تمام صحابۂ کرامؓ کے لیے اپنی خوشنودی کا اعلان فرمادیا۔

حضرت انس ص کا بیان ہے کہ میں اور رسول اکرم اایک روز مسجد سے نکل رہے تھے، مسجد کے دروازے پر ایک شخص ملا اور یہ سوال کیا کہ یارسول اللہ! قیامت کب آئے گی؟ آپ نے فرمایا کہ "تم نے قیامت کے لیے کیا تیاری کر رکھی ہے۔"(جو اس کے

آنے کی جلدی کر رہے ہو۔) یہ بات سن کر یہ شخص دل میں کچھ شرمندہ ہوا اور عرض کیا کہ "میں نے قیامت کے لیے بہت نماز، روزے اور صدقات تو جمع نہیں کیے مگر میں اللہ اور اس کے رسول اسے محبت رکھتا ہوں، آپ انے فرمایا! کہ "اگر ایسا ہے تو سن لو! تم قیامت میں اس کے ساتھ ہوگے جس سے محبت رکھتے ہو۔" حضرت انس ص فرماتے ہیں کہ "ہم یہ جملۂ مبارکہ سن کر اتنے خوش ہوئے کہ اسلام لانے کے بعد اس سے زیادہ خوشی کبھی نہ ہوئی تھی۔" اور اس کے بعد حضرت انس ص نے فرمایا کہ "میں اللہ سے اس کے رسول اسے ابو بکر و عمر رضی اللہ عنہما سے محبت رکھتا ہوں، اس لیے امیدوار ہوں کہ میں قیامت کے دن ان کے ساتھ رہوں گا۔" (الترغیب والترہیب ۴/ ۲۵) اس حدیث میں ان تمام لوگوں کے لیے خوشخبری ہے جو اولیاء اللہ، صلحاء، علماء اور نیک افراد سے دوستی اور محبت رکھتے ہیں، کسی نہ کسی نوعیت سے جن کا ان سے قلبی لگاؤ اور تعلق ہے، امید رکھنی چاہیے کہ اللہ تعالیٰ ان اصحابِ خیر و تقوی کے طفیل میں ہمیں بھی بخش دے گا کہ قدرت کو مغفرت و بخشش کے لیے صرف بہانہ چاہیے، وہ بڑا غفور ہے اور رحیم بھی، اس لیے علامہ منذری حدیثِ مذکور کے ذیل میں لکھتے ہیں کہ اگر حضرت انس کو اللہ اور اس کے رسول اور ابو بکر و عمر سے محبت رکھنے کی وجہ سے مغفرت کی امید ہے اور یقیناً ان کو بڑا مقام حاصل ہوا تو ہمیں بھی اللہ اور اس کے رسول کے ساتھ تمام صحابۂ کرامؓ، تابعینؒ اور تبع تابعینؒ سے بے پناہ عقیدت و محبت ہے، اس لیے ہم بھی قیامت کے دن اپنی بخشش کی امید رکھتے ہیں۔ (دیکھئے حاشیہ نمبر ا الترغیب والترہیب ۴/ ۲۵)

ایک دوسری حدیث میں نبیٔ اکرم انے تاکید فرمائی کہ مومن اور متقی ہی سے رشتۂ محبت استوار کرو اور اسی کے ساتھ اپنا کھانا پینا رکھو، آپ کا ارشاد ہے لَا تُصاحب اِلا مؤمنا ولا یاکل طعامک اِلا تقی (ابن حبان) "مومن ہی کی صحبت میں رہو اور تمہارے دستر

خوان پر پرہیز گار ہی کھانا کھائے۔" ایک دستر خوان پر بیٹھ کر کھانا پینا قلبی تعلق اور محبت کا فطری محرک ہے اور یہ تعلق و محبت اُسی مومن سے ہونا چاہیے جو متقی اور پرہیز گار ہو، کیوں کہ خدا سے غافل، غیر ذمہ دار، بے عمل اور بد اخلاق و دنیا دار لوگوں سے محبت کرنے اور میل جول رکھنے سے وہی کیفیت اس کے اندر بھی پیدا ہو گی اور اس کے برے اثرات مرتب ہوں گے، یہی وجہ ہے کہ اللہ تعالیٰ نے مختلف آیات میں نافرمان اور برے لوگوں سے رفاقت اور دوستی سے منع فرمایا ہے، سورہ ممتحنہ آیت ۱۳ میں ارشاد ہے "اے ایمان والو! جن لوگوں سے اللہ ناراض ہے ان سے دوستی مت کرو وہ آخرت سے ناامید ہیں جیسا کہ کفار نے قبر والوں سے آس توڑ دی۔" یعنی مومن کی شان نہیں کہ جس پر خدا ناراض ہو اس سے دوستی اور رفاقت کا معاملہ کرے، جس پر خدا کا غصہ ہو خدا کے دوستوں کا بھی غصہ ہونا چاہیے، یہ آیت اگرچہ منکرین آخرت کے لیے ہے مگر اس کے مفہوم میں وسعت دیتے ہوئے کہا جا سکتا ہے کہ نافرمان اور احکام الٰہی سے منہ موڑنے والے بندوں کے بارے میں یہی ہدایت ہے کہ ان سے دوستی اور تعلق نہ رکھا جائے۔

افسوس کہ...! علماء، اہل تقویٰ اور صلحاء سے عوام کا فاصلہ بڑھتا جا رہا ہے یہی وجہ ہے کہ روز بروز فتنہ و فساد کم ہونے کے بجائے بڑھتا جا رہا ہے، سارے جلسے جلوس اور دینی محفلوں کے انعقاد کے باوجود ماحول اور معاشرہ میں اسلامی جھلک ہے اور نہ مسلمانوں میں اسلامی ذہنیت اور نہ فکرِ آخرت اور خدا پانے کی تڑپ۔ ضرورت ہے کہ علماء صلحاء اور مذہبی قائدین عوام کو اعتماد میں لائیں اور عوام ان سے تعلقات استوار کریں کہ اس کے بغیر افادہ اور استفادہ کی راہ ہموار نہیں ہو سکتی۔

***

بزرگوں سے اصلاحی تعلق قائم کیجیے!

رسول اکرم صلی اللہ علیہ وسلم کی بعثت کا ایک مقصد قرآن کریم نے تزکیۂ قلب بیان کیا ہے، ارشاد باری ہے ھُوَ الَّذِیْ بَعَثَ فِی الْاُمِّیّٖنَ رَسُوْلًا مِّنْھُمْ یَتْلُوْا عَلَیْھِمْ اٰیٰتِہٖ وَیُزَکِّیْھِمْ وَیُعَلِّمُھُمُ الْکِتٰبَ وَالْحِکْمَۃَ۔ (سورہ جمعہ، آیت: ۲) "وہی ہے وہ ذات جس نے ان پڑھوں میں انہی میں کا ایک رسول بھیجا جو ان کے سامنے اس کی آیتوں کو پڑھ کر سناتا ہے، ان کا تزکیہ کرتا ہے اور ان کو کتاب وحکمت کی تعلیم دیتا ہے۔"

تزکیۂ قلب دل کی پاکی کو کہا جاتا ہے یعنی انسان کے دل ودماغ کو بے حیائی اور دنیوی آلائشوں سے پاک کر کے اس میں خوفِ آخرت اور اللہ کی محبت پیدا کی جائے، عام طور پر انسانی نفوس کا رجحان ان چیزوں کی طرف ہوتا ہے جو شریعت کے خلاف ہیں، جن میں نفس کو لطف اور مزہ آتا ہے، ان رجحانات کو موڑ کر نفس کو رشد وہدایت اور خیر پر لگانے کی محنتوں کو تصوف وسلوک اور تزکیہ سے تعبیر کیا جاتا ہے، شریعت میں تزکیے کی بڑی اہمیت ہے، اس لیے کہ اگر انسان کا دل پاک ہو جائے، سوچ وفکر قرآنی اصول کے سانچے میں ڈھل جائے تو کوئی وجہ نہیں کہ معاشرہ صالح اور نیک نہ ہو۔ زناکاری، شراب نوشی، ظلم وزیادتی، چوری، ڈاکہ زنی اور ہزار طرح کے جرائم اس لیے وجود میں آتے ہیں کہ دل میں اللہ کا خوف ہے اور نہ آخرت پر یقین، خدا کی قدرت اور وجود کا تصور بلاشبہ بڑے سے بڑے گناہ کے عادی انسان کے ہاتھوں میں ہتھکڑیاں اور پاؤں میں بیڑیاں لگا دیتا ہے، پھر وہ اس طرح سنور جاتا ہے کہ رات کے سناٹے میں بھی اس کا ذہن کسی برائی کی طرف

نہیں جاتا، دولت کے خزانے میں بھی رہ کر دل میں خیانت کا تصور نہیں آتا۔ بے حیائی کے تمام اسباب و وسائل موجود ہوں، پھر بھی طبیعت اس پر آمادہ نہیں ہوتی، یہی وجہ ہے کہ قرآن نے تزکیۂ قلب پر بڑا زور دیا ہے۔ سورہ الاعلیٰ آیت ۱۴ میں ارشاد فرمایا گیا قَدۡ اَفۡلَحَ مَنۡ تَزَکّٰی" تحقیق کہ وہ شخص کامیاب ہو گیا جس نے اپنا تزکیہ کیا" یہی مفہوم سورہ الشمس آیت ۹ میں ان کلمات میں بیان کیا گیا ہے قَدۡ اَفۡلَحَ مَنۡ زَکّٰھَا وَقَدۡ خَابَ مَنۡ دَسّٰھَا "بلاشبہ وہ آدمی کامیاب ہو گیا جس نے اپنے نفس کو سنوارا اور ناکام ہوا جس نے اس کو خاک میں ملایا یعنی خواہشات نفس کی پیروی کی" ان دونوں آیات میں غور کرنے سے معلوم ہوتا ہے کہ کامیابی اور فوز و صلاح تزکیۂ قلب کے ساتھ مربوط ہے، دل پاک و صاف ہے تو اخروی نعمتیں استقبال کریں گی، دنیا میں سکون و اطمینان، رعب و دبدبہ، عزت اور بلند مقام تو حاصل ہو گا ہی اسی کے ساتھ جنت کی ابدی راحت رساں چیزیں سامنے حاضر ہوں گی، وہ جب اور جس طرح چاہے گا کھائے گا اور مزے لے گا، اللہ کی رضامندی اس کو مکمل طور پر حاصل ہو گی کہ اس نے اسی کے خوف سے نفسانی خواہشات کو ترک کیا ہے۔

عرب قوم جس کے درمیان رسول اکرم صلی اللہ علیہ وسلم کی ولادت ہوئی تھی، پلے، بڑھے اور جوان ہوئے یقیناً وہ ایک خونخوار اور جنگ جو قوم تھی، تہذیب و تمدن سے نابلد، برائیوں کے خوگر، معرفتِ الٰہی سے کوسوں دور اور طبیعت کے اعتبار سے انتہائی سخت اجڈ اور گنوار تھی، نبیٔ اکرم صلی اللہ علیہ وسلم کی نظر کرم نے ان کو ایسا بدلا کہ ساری دنیا کے لیے وہ ہدایت کے چراغ بن گئے، جو پہلے گنوار تھے مہذب بن گئے، مشرک تھے موحد ہو گئے، سخت تھے نرم ہو گئے، جو پہلے بے حیثیت تھے وہ دنیا کے امام بن گئے، حضرت ابو بکر صدیقؓ کو صدیقیت کا مقام نہ ملتا اگر رسول اکرم صلی اللہ علیہ وسلم کی معیت

نصیب نہ ہوتی، حضرت عمر فاروقؓ کو فاروق، حضرت عثمان غنیؓ کو غنی اور ذوالنورین (دو روشنی والے) اور حضرت علیؓ کو شیر خدا کا خطاب اور اعزاز رسولِ رحمت صلی اللہ علیہ وسلم کی صحبت اور محبت کا اثر ہے، حضرت بلال حبشیؓ اور حضرت سلمان فارسیؓ عرب کے باہر سے تشریف لائے، کوئی تعارف اور سناشائی نہیں، پہلے غلام تھے لیکن اللہ اور اللہ کے رسولؐ کی محبت و صحبت نے انہیں وہ مقام عطا کیا کہ تمام مسلمانوں کے وہ چہیتے اور سردار بن گئے۔ بقول کسی شاعر

خود نہ تھے جو راہ پہ اوروں کے ہادی بن گئے
کیا نظر تھی جس نے مردوں کو مسیحا کر دیا

نبی اکرم صلی اللہ علیہ وسلم کے بعد صحابہؓ، تابعین، تبع تابعین اور پھر اولیاء اللہ اور بزرگانِ دین کی مجالس اور صحبت میں وہ تاثیر پائی جاتی ہے جس سے سخت سے سخت انسان کا دل بھی موم بن جاتا ہے، اللہ کا خوف اور آخرت کی تڑپ پیدا ہوتی ہے، فطری طور پر انسانوں کے اندر تکبر ہے، حسد ہے، بغض ہے، حُبِّ دنیا ہے، آخرت سے بے فکری ہے، گناہوں سے دلچسپی ہے، اس طرح کے تمام گندے اوصاف شیطانوں کے مکر و فریب اور ان کے بہکاوے سے پیدا ہوتے ہیں، صلحاء اور بزرگان دین مدتوں ریاضت سے جن کے نفوس منجھے ہوئے ہوتے ہیں، وہ شیطان کے مکر و فریب کو اچھی طرح جانتے ہیں، ان بزرگوں کی صحبت جو اختیار کرتا ہے اور ان کے توسط سے جو ہدایت حاصل کرنا چاہتا ہے یہ نفوسِ قدسیہ ان کو شیطان اور نفس سے بچنے کی تدبیریں بتاتے ہیں، اگر ان کی ہدایات پر عمل کیا جائے تو بہت جلد نفس کے عیوب اور رذائل کا ازالہ ہو جاتا ہے اور ان کے فیضِ صحبت سے انسان اخلاقِ فاضلہ، معرفتِ الٰہی، خوفِ خدا، آخرت کی طرف رغبت کی صفات سے متصف ہوتا ہے۔ پھر وہ کہیں بھی رہے اللہ کی قوتِ گرفت کا

احساس ہمیشہ ساتھ رہتا ہے اس کو صوفیا کی اصطلاح میں تصوف وسلوک کہا جاتا ہے۔

تصوف وسلوک اور تزکیۂ قلب دونوں ایک چیز ہے، جب دل پاک ہو گا تو خود بخود اللہ کی طرف میلان بڑھے گا، خدا سے قرب دل کی صالحیت پر موقوف ہے، شیخ الحدیث حضرت مولانا محمد زکریاؒ سے کسی نے پوچھا کہ یہ تصوف کیا بلا ہے؟ حضرت نے فرمایا: اس کی ابتدا "انما الاعمال بالنیات" (اعمال کا دارومدار نیتوں پر ہے) سے ہے اور انتہا "ان تعبد اللہ کانک تراہ" (اللہ کی اس طرح عبادت کرو کہ گویا تم اسے دیکھ رہے ہو) پر ہے، بظاہر یہ صرف دو جملے ہیں مگر تصوف وسلوک کا خلاصہ اس میں بیان کر دیا گیا ہے۔ یعنی انسان ہزار عمل کرے، اگر نیت درست نہیں ہے تو کوئی بھی عمل مفید نہیں، اس لیے تصوف کے طالب علم کو سب سے پہلے تصحیحِ نیت کی ترغیب دی جاتی ہے، یہاں سے اس کے سفر کا آغاز ہوتا ہے، جب نیت درست ہو گئی تو اللہ کی رحمتوں کا نزول شروع ہو جاتا ہے، معرفتِ الٰہی کا یہ راستہ انسان کو اس مرتبہ تک پہنچا دیتا ہے کہ عبادت کرتے ہوئے معبود کو گویا وہ اپنی نظروں سے دیکھ رہا ہے، کسی کو جب یہ مقام حاصل ہو جائے تو پھر اس کی شرافت وسعادت کا کیا کہنا، تصوف کا مقصود اصلی شریعت پر چلنا ہے، شریعت کو چھوڑ کر طریقت کی کوئی حیثیت نہیں، حضرات مشائخ نے جو اصلاح نفس کے لیے کچھ تدبیریں اور طریقے تجویز کیے ہیں یہ مقاصد نہیں، وسائل ہیں۔ ان کی صحبت اور نظروں میں رہ کر آدمی کامل انسان بنتا ہے جس کا خدا نے حکم دیا ہے اور شریعت میں جو مطلوب و مقصود ہے۔

یہ حقیقت ہے کہ پہلے کے مقابلے میں آج مصروفیت بڑھتی جا رہی ہے، وقت تنگ ہو گیا ہے، لوگوں کو اتنی فرصت نہیں کہ از خود تصوف وسلوک کی راہ پر چل کر کامیابی حاصل کی جائے، یہ ناممکن نہیں تو مشکل ضرور ہے، اس لیے بہتر یہ ہے کہ اہل دل علماء،

صلحاء اور اولیاء اللہ سے اصلاحی تعلق قائم کیا جائے، ان کی رہنمائی اور قرآن و سنت کی روشنی میں دیئے گئے خطوط پر عمل آوری سے ایک شخص بہت جلد اس راہ کی مسافت کو طے کر سکتا ہے۔ جب بھی وقت ملے فرصت پا کر بزرگان دین کی مجالس سے استفادہ کرنا چاہیے۔ اللہ کے ولی کا اللہ سے بڑا قرب ہوتا ہے، ان کے مجاہدہ و ریاضت کی برکت سے اللہ تعالیٰ نے ان کی مجالس، صحبت اور نظروں میں تاثیر رکھی ہے، جو محض مطالعہ، وعظ و تقریر، مال و زر یا شخصی محنت سے حاصل نہیں ہو سکتی، مشہور شاعر اکبر الہ آبادی نے اس مفہوم کو اس طرح ادا کیا ہے۔

نہ کتابوں سے نہ کالج کے ہے در سے پیدا* دین ہوتا ہے بزرگوں کی نظر سے پیدا

پاکستان کے مشہور عالم دین حضرت مولانا حکیم محمد اختر صاحب زید مجدہ نے ایک موقع پر فرمایا:

"آج ہمارا حال مختلف ہے، اللہ والوں کی مجلس سے ہم بھاگتے ہیں، ہم جس ماحول میں رہتے ہیں وہ گناہ و عصیان کا ماحول ہے، گرد و پیش سے عام انسان تو عام انسان ہے، "ولی" بھی متاثر ہو جاتا ہے، سنیما اور گانوں کی آواز، دنیا کی فحاشی یہ سب کچھ انسان کو متاثر کرتے ہیں۔ صحابہؓ کا عاد و ثمود کی بستی سے جب گزر ہوا تو حضور صلی اللہ علیہ وسلم نے منہ چھپا لیا اور صحابہ کو جلدی سے گزر جانے کے لیے فرمایا، دیکھئے ماحول کا اثر، حضورؐ کی نگاہ میں کس قدر اہمیت کا حامل ہے، اگر اثر کا خوف نہ ہوتا تو جلدی سے کیوں گزرتے؟ اسی لیے کہا جاتا ہے کہ برے ماحول سے کٹ کر اللہ والوں کی مجلس میں بیٹھو، نورانیت پیدا ہو گی اور اچھے اثرات پڑیں گے۔ (باتیں ان کی یاد رہیں گی صفحہ ۳۵، از مولانا محمد رضوان القاسمیؒ)

یہ واقعہ ہے کہ انسان جس طرح کی صحبت اختیار کرتا ہے، مزاج، طبیعت، رجحان ویسے ہی بن جاتا ہے، بزرگوں کی صحبت میں اگر کوئی مکمل بزرگی اختیار نہ بھی کرے، پھر

بھی کچھ دیر کے لیے ہی سہی ضرور اس کے دل میں آخرت کی فکر پیدا ہو گی، اپنے گناہوں پر شرمندگی محسوس ہو گی اور دل میں اللہ کا خوف پیدا ہو گا، بزرگوں کی نظر میں وہ کیمیائی اثر ہے جو بہت جلد انسان کو متاثر کرتا ہے، گنہگار اپنے گناہوں سے توبہ کر لیتے ہیں اور نیکوکار کی رفتارِ عمل دوچند ہو جاتی ہے۔ حضرت مولانا حکیم محمد اختر صاحب نے اس کی چار وجوہات بیان کی ہیں جو یقیناً پڑھنے کے قابل ہیں۔ ایک موقع پر فرمایا: اہل اللہ کی صحبت اختیار کیجئے ان کی صحبت بابرکت سے چار وجہوں سے فیض حاصل ہوتا ہے:

(۱) پہلی وجہ نقل ہے، یعنی انسان اپنی فطرت کے اعتبار سے نقال واقع ہوا ہے، جب آپ اہل اللہ کی صحبت میں رہیں گے اور شب و روز ان کے طریقۂ مناجات، ان کے طریقۂ فریاد ان کے آداب و اخلاق اور خدا کے حضور ان کے رونے اور گڑگڑانے اور نالۂ نیم شبی کو دیکھیں گے تو ممکن نہیں کہ آپ ان صفاتِ عالیہ کو اپنے اندر جذب کرنے کی کوشش نہ کریں۔ آپ کی نقال طبیعت یقیناً ان اعمال میں نقل کی سعی کرے گی۔

(۲) دوسری وجہ صحبت کی عام برکت ہے۔ اگر کوئی اہل اللہ کی صحبت میں بغیر کسی خاص ذہن و فکر کے آئے اور کوئی غرض بھی ہو جب بھی وہ اس کی برکت کو محسوس کرے گا اور آہستہ آہستہ ان کی مقناطیسی شخصیت اپنی طرف کھینچتی رہے گی۔

(۳) تیسری وجہ معرفت ہے۔ یعنی ان کی صحبت سے اللہ کی معرفت حاصل ہوتی ہے۔ نفس اور شیطان سے مقابلہ کرتے ہوئے اسے کس طرح مغلوب کیا جائے؟ ان کی صحبت سے اس کا فن آتا ہے۔ نفسانی اور شیطانی مکر و فریب سے ایک انسان خوب واقف ہو جاتا اور ان سے بچنے کی تدبیروں سے اچھی طرح آگاہ ہو جاتا ہے۔

(۴) چوتھی وجہ دعا ہے، یعنی یہ جہاں ساری اُمت کے لیے دعا کرتے ہیں وہاں خصوصیت کے ساتھ اپنے متعلقین اور مریدوں کے لیے دعا کرتے ہیں۔ بارگاہِ الٰہی میں

ان کی مخلصانہ دعا بہر حال قبولیت کی تاثیر رکھتی ہے۔

ان چار وجوہ کے علاوہ مولانا رومیؒ ایک اور وجہ بیان کرتے ہیں۔ وہ یہ کہ دلوں میں سے دلوں میں خفیہ راستے ہوتے ہیں۔ غیر مرئی طور پر اللہ والوں کے دلوں کی ایمانی طاقت ان کے ہم نشینوں پر اثر کرتی ہے اور ان کے طاقتور یقین کا نور ان کے جلیسوں کے ضعیف اور کمزور یقین کو توانائی بخشتا اور نورانی بناتا رہتا ہے۔

مولانا رومیؒ اس کی مثال دیتے ہوئے فرماتے ہیں کہ دیکھو، دو چراغ ہوتے ہیں، ان کا وجود اور جسم ایک دوسرے سے الگ ہوتا ہے مگر فضاء میں دونوں کے نور ایک ہوتے ہیں، ان میں کوئی علاحدگی نہیں ہوتی اسی طرح اللہ والے کا جسم اور تمہارا جسم تو الگ الگ ہے مگر ان کے دل کا نور تمہارے ضعیف نور کو کامل کر دے گا اور درمیان میں جسم حائل نہیں ہوسکے گا۔ (باتیں ان کی یاد رہیں گی:۱۳۸)

لیکن واضح رہے کہ کسی بھی مرشد اور اللہ کے ولی کی صحبت سے اسی وقت فائدہ ہوسکتا ہے جب کہ استفادے کی سچی تڑپ ہو، اس کے لیے ان بزرگوں کے کڑوے کسیلے جملے بھی سننے کے لیے اپنے آپ کو آمادہ کرنا ہوگا، طالب علم اگر معلم کی سختی برداشت نہ کرے تو علم حاصل نہیں ہوسکتا، تصوف کی کتابوں کے مطالعے سے معلوم ہوتا ہے کہ جن لوگوں نے اپنے کو کسی کامل اور ماہر کے حوالے کیا، ان کی حالت ہی بدل گئی۔

حضرت خواجہ عزیز الحسن صاحب مجذوبؒ جب خانقاہ تھانہ بھون میں تھے کچھ بے اصولی کی بناء پر حضرت حکیم الاُمّت مولانا تھانویؒ نے حضرت خواجہ صاحب کو خانقاہ سے نکال دیا۔ ان کے اندر سچی تڑپ اور محبت تھی۔ یہ پھاٹک سے نکل کر فٹ پاتھ پر لیٹ گئے۔ لوگوں نے ان سے کہا کہ آپ کو حضرت تھانویؒ نے جب نکال دیا ہے تو اب آپ اپنے گھر چلے جائیے۔ حضرت خواجہ صاحب نے فرمایا کہ یہ تو ان کی جگہ نہیں ہے، یہ جگہ

تو سرکاری ہے، میں یہاں سے کیوں چلا جاؤں اور ایک شعر پڑھا کرتے کہ:

اُدھر وہ دَر نہ کھولیں گے * اِدھر میں دَر نہ چھوڑوں گا
حکومت اپنی اپنی ہے * کہیں ان کی کہیں میری

غرض کہ حضرت خواجہ صاحب پر حضرت تھانویؒ کو پھر ترس آیا کہ بے چارے کے اندر سچی طلب ہے۔ پھر چند ہی دنوں کے بعد جب تاجِ خلافت لیے ہوئے خانقاہ سے نکل رہے تھے تو یوں فرماتے ہوئے گئے کہ

نقش بتاں مٹایا، دکھایا جمالِ حق
آنکھوں کو آنکھ، دل کو میرے دل بنا دیا
آہن کو سوزِ دل سے کیا نرم آپ نے
نا آشنائے درد کو بسمل بنا دیا
مجذوبؔ در سے جا رہا دامن بھرے ہوئے
صد شکر حق نے آپ کا سائل بنا دیا

حضرت خواجہ عزیز الحسنؒ، حضرت تھانویؒ کے معتمد اور مخصوص خلفاء میں سے ہیں۔ انہوں نے حضرت تھانویؒ کے انتقال کے بعد تین جلدوں میں "اشرف السوانح" کے نام سے کتاب تصنیف کی، جس کو پہلی مرتبہ مکتبہ تالیفات اشرفیہ تھانہ بھون ضلع مظفر نگر نے شائع کیا ہے۔ یہ کتاب حضرت تھانویؒ کی سیرت پر ہے جو ان کی سیرت پر لکھی گئی تمام کتابوں میں کلیدی حیثیت رکھتی ہے، خواجہ عزیز الحسنؒ کو سچی تڑپ تھی، اس لیے گیٹ کے باہر نکالے جانے پر بھی اپنے مرشد کا دامن نہیں چھوڑا، اگر وہ برہم ہو کر یا عزت نفس کا پاس و لحاظ رکھتے ہوئے حضرت تھانویؒ کا در چھوڑ کر چلے جاتے تو انہیں خلافت ملتی اور نہ ہی یہ اعزاز حاصل ہوتا۔

بعض لوگ یہ کہہ کر اس مسئلہ کو نظر انداز کر دیتے ہیں کہ اب ویسے بزرگ کہاں جو پہلے تھے، چاہنے کے باوجود بھی اولیاء اللہ کی صحبت آج میسر نہیں، یہ سوچ سراسر شیطانی دھوکہ ہے، یاد رکھنا چاہیے کہ اولیاء اللہ اور صلحاء ہر زمانے میں ہوتے رہے ہیں اور قیامت تک ہوتے رہیں گے، سورہ توبہ آیت ۱۱۹ میں اللہ تعالیٰ نے مسلمانوں کو ہدایت دی ہے کہ وہ اللہ سے ڈرتے رہیں اور صادقین کی صحبت اختیار کریں، اگر سچے لوگ ہر زمانے میں پیدا نہ کیے جائیں تو یہ ایسا حکم ہوا جس کی تکمیل پر انسان قادر نہیں اور ایسا حکم ایک کامل حکیم کی طرف سے نہیں دیا جاسکتا، اس لیے معلوم ہوا کہ صادقین، صلحاء، اولیاء اللہ کا وجود ہر زمانے میں رہے گا، ان کو ڈھونڈنا اور سچی تڑپ کے ذریعہ ان تک پہنچنا ہماری ذمہ داری ہے۔ مولانا رومیؒ نے فرمایا کہ لیلیٰ کا جب انتقال ہوا تو مجنون کو خبر نہیں ہوئی تھی، بعد میں قبرستان پہنچا تو ہر قبر کی مٹی سونگھتا پھر رہا تھا۔ لیلیٰ کی قبر کی مٹی سونگھتے ہی وہ دیوانہ وار کہنے لگا" یہی ہے، یہی ہے۔" عشق و محبت کی بنیاد پر مٹی کی بو سونگھ کر اس نے لیلیٰ کی قبر کا پتہ لگالیا۔ اسی طرح اگر کسی کو سچی پیاس اور تلاش ہو تو اللہ والوں کے جسموں کی خوشبو سونگھ کر اللہ والوں کو پہنچانا جا سکتا ہے، ہاں اس بات کا انکار نہیں کیا جا سکتا کہ زمانہ کے انحطاط کے ساتھ ولایت میں بھی انحطاط پیدا ہوا ہے، پہلے طالبین کامل تھے تو اولیاء اللہ جنید بغدادیؒ اور حسن بصریؒ کی شکل میں تھے، جب طلبِ صادق میں کمی آئی تو ولایت کا درجہ بھی کم ہوا، اس زمانہ میں اگر جنید بغدادی جیسا کوئی ولی ڈھونڈا جائے تو فضول ہو گا۔ ہمارے لیے آج جنید بغدادی وہ صلحاء ہیں جن کی صحبت سے دل میں اللہ تعالیٰ کی محبت، آخرت کی فکر پیدا ہو، دنیا کی محبت کم ہونے لگے اور اعمال و اخلاق درست ہونے لگے، اس سے سمجھ لینا چاہیے کہ یہ اللہ والا ہے۔ اس کی صحبت سے مجھے ضرور فائدہ ہو گا اور ایسے لوگوں کی آج بھی کمی نہیں، بعض بزرگوں نے اولیاء اللہ کی پہچان یہ بتائی

ہے کہ وہ سنتِ رسولؐ کے عاشق ہوں یعنی کسی کرامت کا ظہور بزرگی کے لیے لازم نہیں۔ فرائض و واجبات کے ساتھ مکمل طور پر سنت کی پابندی ولایت کو جانچنے کے لیے کافی ہے، بہر حال ولی کامل ہو یا ناقص ہم جیسے گنہگاروں کے لیے ان کی صحبت اور نظر کرم فائدے سے خالی نہیں، کاش! مسلمان دنیاداروں سے اپنی نگاہ اور توجہ کو پھیر کر اہل اللہ اور صلحاء کی طرف مرکوز کر دیں، ان کی صحبت اختیار کریں اور ان سے اصلاحی تعلق قائم کریں کہ اس کے بغیر اصلاح ناممکن نہیں تو مشکل ضرور ہے۔

***

آخرت کی فکر کیجئے

آخرت کا تصور وہ محور ہے جس کے ارد گرد تمام عبادتیں گردش کرتی ہیں۔ نماز، روزہ، زکوٰۃ، حج اور دوسری تمام عبادتوں کا آخرت کے یقین، عند اللہ جواب دہی کے احساس اور مرنے کے بعد دوبارہ اٹھائے جانے کے عقیدہ سے گہرا ربط ہے، اگر آخرت کا یقین نہ ہو تو موسم گرما کی چلچلاتی دھوپ میں اور موسم سرما کی سخت ٹھنڈک کے دنوں میں نماز کے لئے مسجد کی طرف رخ کرنا انتہائی مشکل ہوگا، رمضان کے ایام میں بھوک و پیاس کی شدت اور محنت کی کمائی میں سے زکوٰۃ وصدقات کے نام پر اللہ کے راستے میں خرچ کرنے کا حیرت کن عمل اسی لئے آسان ہے کہ موت کے بعد نہ ختم ہونے والی زندگی پر ایمان ہے، یعنی مرنے کے بعد نیک وبد ہر عمل کا حساب وکتاب ہوگا اور اچھے اور برے لوگوں کو ان کے ہر عمل کا بدلہ دیا جائے گا، ان تصورات کے بغیر نہ صرف عبادت بلکہ اللہ اور اس کے رسولؐ پر ایمان لانا بھی محال ہے، کفار مکہ کے سامنے بے شمار معجزات پیش کئے گئے مگر انہیں مرنے کے بعد دوبارہ اٹھائے جانے پر یقین نہ ہوا، وہ کہتے تھے اِءِذَا مِتْنَا وَكُنَّا تُرَابًا وَّعِظَامًا ءَاِنَّا لَمَبْعُوْثُوْنَ۔ (الواقعہ:۴۷) "کیا جب ہم مر جائیں گے اور ہم مٹی بن جائیں گے، ہڈیاں بوسیدہ ہو جائیں گی تو پھر دوبارہ ہمیں زندہ کیا جائے گا" دلائل کی کثرت کے باوجود آخرت کے عدم تصور کی وجہ سے ایمان نصیب نہیں ہوا اور نہ وہ اپنی بری حرکتوں سے باز آئے۔

آج مسلمانوں میں ظلم و زیادتی، لوٹ کھسوٹ، شراب نوشی، زنا کاری، سود اور رشوت خوری کا چلن اس لئے عام ہے کہ آخرت کا تصور کمزور ہو گیا ہے، ظاہر ہے کہ جب کسی گرفت کا احساس ہی نہ ہو یا ہو مگر برائے نام تو خواہشات پر پابندی نہیں لگائی جا سکتی، ایک طاقتور انسان جب کسی غریب پر ظلم کر رہا ہو لیکن اس کو یہ احساس ہو جائے کہ مجھ سے قیامت کے دن اس عمل کا قصاص لیا جائے گا تو یقیناً وہ اپنی حرکت سے باز آجائے گا، اسی طرح شراب نوشی یا زنا کاری کرتے ہوئے جب اللہ کا خوف پیدا ہو جائے اور آخرت میں جواب دہی کا تصور دل و دماغ میں بیٹھ جائے تو جسم پر لرزہ طاری ہو جائے گا اور زندگی سے چین و سکون ختم ہو جائے گا، یہاں تک کہ وہ صدق دل سے توبہ کر لے اور اللہ کے حضور میں ندامت و شرمندگی کا اظہار کرتے ہوئے مغفرت کا امیدوار بن جائے۔

حدیث کی تقریباً تمام کتابوں میں حضرت ماعز اسلمیؓ اور غامدیہ صحابیہ کے زنا اور توبہ کا واقعہ درج ہے، بشری تقاضہ اور بعض مصالح خداوندی کی بنیاد پر جب حضرت ماعز اسلمیؓ سے زنا صادر ہو گیا تو وہ آخرت کے تصور سے بے چین ہو گئے، پہلے حضرت ماعز اسلمی رسول اکرم صَلَّى ٱللَّٰهُ عَلَيْهِ وَسَلَّمَ کی خدمت میں حاضر ہوئے اور اس عظیم گناہ سے پاک کرنے کی درخواست کی، وہ نتیجہ سے بے خبر نہیں تھے، انہیں معلوم تھا کہ زنا کی اسلامی سزا شادی شدہ کے لئے رجم (سنگساری کے ذریعہ ہلاک کر دینا) ہے، وہ چاہتے تو اس عمل بد کو چھپا دیتے، اس لئے کہ دنیا میں اس پردۂ راز کو کوئی اٹھانے والا نہیں تھا، کسی کی نگاہ بھی ان پر نہیں پڑی تھی کہ خبر کے پھیلنے کا ڈر ہو یا ذلت و رسوائی کا خوف، اسلام نے زنا کی حد جاری کرنے کے لئے چار عینی گواہوں کو ضروری قرار دیا ہے جس کا مطلقاً یہاں فقدان تھا

مگر کیا کیجئے۔ صحبت رسولؐ کے سبب ایمانی قوت، اللہ کا خوف اور آخرت کی فکر ان کے دل ودماغ میں جو بس گئی تھی، وہ ایسی چنگاری تھی جس نے ان کے چین وسکون کو چھین لیا تھا، ان کو یقین تھا کہ دنیا کی سزا اور ذلت آخرت کے مقابلہ میں کوئی حیثیت نہیں رکھتی، لوگوں کی نظروں سے اگر بچ بھی گئے تو کیا حاصل؟ تاریکی اور روشنی میں یکساں دیکھنے والی ذاتِ خداوندی کی نظر سے نجات نہیں مل سکتی، اس لئے انہوں نے پیغمبرؐ کے سامنے جرم کا اعتراف واقرار کر لیا اور آپؐ کے بارہا اعراض کرنے کے باوجود وہ اپنے عزم پر مصر رہے، یہاں تک کہ آپؐ نے ان کو رجم کرنے کا حکم دے دیا۔ صرف مردوں کو نہیں بلکہ عورتوں کو بھی یقین کی یہی دولت حاصل تھی، حضرت ماعز اسلمیؓ کو سنگسار کئے جانے کے بعد حضرت غامدیہؓ بھی رسول اکرم ﷺ کی خدمت میں حاضر ہویں اور ٹھیک وہی صورت پیش آئی جو حضرت ماعز اسلمی کے ساتھ پیش آئی تھی، آپؐ نے ان کو پہلی مرتبہ یہ کہہ کر واپس کر دیا کہ تمہارے پیٹ میں جو بچہ ہے اس کو جننے کے بعد آنا، ولادت کے بعد آئی تو آپؐ نے دودھ پلانے تک مزید مہلت عنایت کی، بوجھل قدموں وہ واپس ہوئیں، کچھ ہی دن گزرے تھے کہ پھر اپنے بچے کے ساتھ حاضر ہویں، بچہ کے ہاتھ میں روٹی کا ٹکڑا تھا جس سے بظاہر محسوس ہو رہا تھا کہ یہ بچہ اب اپنی ماں کے دودھ سے بے نیاز ہو چکا ہے، آپؐ نے اس عورت کو رجم کرا دیا، غور طلب پہلو یہ ہے کہ یہاں حضرت غامدیہؓ پر ظاہری کوئی ایسا دباؤ نہیں تھا جس کے خوف کا انہیں احساس ہو، البتہ آخرت کی فکر اس طرح ان کے رگ وریشہ میں سما گئی تھی کہ راحت بے چینی میں تبدیل ہو گئی، ان کا ہر لمحہ سزا پانے کے انتظار میں گزرتا تھا، وہ اندر سے اس لئے پریشان اور گھبراہٹ میں مبتلا تھیں کہ کہیں دنیاوی سزا پانے سے پہلے ہی روح پرواز نہ ہو جائے اگر ایسا ہوا تو پھر

قیامت کے دن اپنے مالک کو کیا منہ دکھائیں گے۔

زنا یقیناً ایک بھیانک جرم ہے لیکن آخرت کے تصور سے اس طرح بے چین ہونے کی مثال بہت ہی کمیاب ہے، اس لئے آپؐ نے فرمایا: لقد تاب توبۃ لو قسمت بین امۃ لو سعتھم "ماعز نے ایسی توبہ کی ہے کہ اگر اس کے ثواب کو پوری امت پر تقسیم کیا جائے تو وہ سب کے لئے کافی ہو جائے" اسی طرح کا جملہ آپؐ نے حضرت غامدیہ کے بارے میں بھی ارشاد فرمایا تھا۔ (دیکھئے صحیح مسلم بحوالہ مشکوٰۃ: ۳۱۰)

یہی فکر آخرت ان صحابہ کو بھی تھی جن کی ولایت کی شہادت خود رسول اکرم ﷺ نے دی تھی، ان کے نیک اعمال، تقویٰ و طہارت کی قسم کھائی جا سکتی ہے لیکن جب کبھی بھول کر کوئی معمولی گناہ بھی ان سے سرزد ہو جاتا تو بے چین ہو جایا کرتے تھے، روایت میں ہے کہ ایک مرتبہ حضرت ابو بکر صدیقؓ نے اپنے غلام کی مشتبہ کمائی میں سے کچھ حصہ کھا لیا تھا، بھوک کی شدت کی وجہ سے تحقیق کا خیال نہ رہا، غلام نے کھا لینے کے بعد جب اطلاع دی تو سخت پریشان ہوئے اور منہ میں ہاتھ ڈال کر قے کر دی اور فرمایا کہ میں نے رسول اکرم ﷺ سے سنا ہے جو جسم حرام سے پرورش پائے اس کے لئے دوزخ کی آگ بہت مناسب ہے مجھے ڈر ہوا کہ اس لقمہ سے میرے جسم کا کوئی حصہ پرورش نہ پا جائے۔ (حلفاء الرسول: ٦٩)

حضرت عمرؓ کے بارے میں مشہور ہے کہ ایک مرتبہ آپ رات کو بیت المال میں بیٹھے ہوئے کوئی خلافت کا کام انجام دے رہے تھے کہ حضرت علی مرتضیٰؓ بھی تشریف لے آئے اور فرمایا کہ مجھے آپ سے کچھ بات کرنی ہے، حضرت عمرؓ نے دریافت فرمایا کیا آپ کو کچھ خلافت کے کام سے متعلق گفتگو کرنی ہے یا اپنے کسی ذاتی و نجی مسئلہ میں؟

انہوں نے فرمایا مجھے اپنے ذاتی معاملہ میں گفتگو کرنی ہے، اس پر حضرت عمرؓ نے فرمایا: بس تو چلو کسی اور جگہ بات کریں گے کیوں کہ بیت المال کی روشنی میں بیٹھ کر ذاتی گفتگو کرنی درست نہیں ہے۔

حضرت عثمان ذوالنورینؓ جو حضور اقدس ﷺ کے داماد اور تیسرے خلیفہ تھے اور جن کو آپؐ نے جنتی ہونے کی بشارت دی تھی ان کا یہ حال تھا کہ جب کسی قبر کے پاس کھڑے ہوتے خوف آخرت سے اس قدر روتے کہ ان کی مبارک ڈاڑھی تر ہو جاتی، کسی نے سوال کیا آپ دوزخ اور جنت کے تذکرہ سے نہیں روتے اور قبر کو دیکھ کر اس قدر روتے ہیں؟ اس پر حضرت عثمانؓ نے جواب میں فرمایا کہ رسول اکرم ﷺ نے فرمایا کہ بلاشبہ قبر آخرت کی پہلی منزل ہے، اگر قبر کی مصیبت سے کسی نے نجات پالی تو اس کے بعد سب منزلیں آسان ہو جائیں گی اور اگر اس کی مصیبت سے نجات نہ پائی تو اس کے بعد کی منزلیں اس سے زیادہ سخت ہیں۔ (ترمذی)

حضرت علیؓ کی یہ حالت تھی کہ جب نماز کا وقت آجاتا تو بدن پر کپکپی آجاتی تھی اور چہرہ زرد ہو جاتا تھا، کسی نے پوچھا کیا بات ہے؟ تو فرمایا: اس امانت کی ادائیگی کا وقت ہے جس کو اللہ جل شانہ نے آسمانوں، زمینوں اور پہاڑوں پر اتارا تو وہ اس کے تحمل سے عاجز ہو گئے اور میں نے اس کا تحمل کر لیا، اب دیکھنا چاہئے پوری ادا کرتا ہوں یا نہیں۔ (آخرت کے فکر مندوں کے پچاس قصے: ۲۵-۲۶)

کاش! تمام مسلمانوں کے دل و دماغ میں آخرت کا تصور مستحکم اور مضبوط ہو جائے اور اللہ کے خوف اور یادِ الٰہی سے ہر لمحہ سینہ معمور رہے، بلاشبہ آج بھی مسلمانوں میں انقلابی قوت پیدا ہو سکتی ہے اور دنیا میں پھر ایک بار امانت، عدل و انصاف اور امن و

سکون کا ماحول پیدا ہوسکتا ہے۔ زندگی کے جو حصے گزر چکے اب ان کی اصلاح تو نہیں ہوسکتی البتہ زندگی کے جو ایام باقی رہ گئے ہیں ان کو فکر آخرت میں گزار کر اللہ کی مرضی ہم پاسکتے ہیں۔ بقول شاعر

وقت طلوع دیکھا وقت غروب دیکھا
اب فکر آخرت ہے، دنیا کو خوب دیکھا

***